全球能源互联网研究系列报告

U0662143

欧洲能源互联网研究与展望

全球能源互联网发展合作组织

中国电力出版社
CHINA ELECTRIC POWER PRESS

前言

　　能源事关人类可持续发展全局。当前世界面临资源紧缺、气候变化、环境污染、能源贫困等一系列重大挑战，根源是人类对化石能源的大量消耗和严重依赖。应对这些挑战，是实现人类可持续发展重大而紧迫的任务。从本质上看，可持续发展的核心是清洁发展，关键是推进能源生产侧实施清洁替代，以太阳能、风能、水能等清洁能源替代化石能源；能源消费侧实施电能替代，以电代煤、以电代油、以电代气、以电代柴，用的是清洁电力。全球能源互联网是清洁主导、电为中心、互联互通、共建共享的现代能源体系，为清洁能源在全球范围内大规模开发、输送、使用搭建平台，推动以清洁化、低碳化、电气化、网络化为特征的全球能源转型。构建全球能源互联网能够全面落实联合国"2030议程"和应对气候变化《巴黎协定》，保障人人享有清洁、可靠、可负担的现代能源，实现经济社会和生态环境的全面协调发展。

　　为加快推动全球能源互联网发展，自2016年以来，全球能源互联网发展合作组织对全球、各大洲、重点区域和国家能源互联网开展了系统深入研究。通过广泛调研、全面梳理分析全球经济社会、能源电力和气候环境等方面的数据信息，充分研究各国政府部门相关发展战略规划和政策，广泛吸纳有关国际组织、权威机构和企业的研究成果，应用先进的研究方法、模型和工具，对全球能源互联网发展愿景、路径和有关重大问题进行了研究和展望。目前已形成关于全球能源互联网及各大洲能源互联网的系列研究成果。系列研究成果首次针对全球范围的能源电力发展提出了系统性、全局性、创新性解决方案，对全球能源电力转型和清洁低碳发展进行顶层设计，填补了全球能源电力领域研究的空白，将为全球能源互联网和各大洲、重点区域和国家能源互联网发展提供决策参考，对于加快能源绿色转型、应对气候变化、实现人类可持续发展具有重要意义。

　　本报告为系列成果之一，是基于欧洲可持续发展需要，对欧洲能源互联网发展的系统谋划。内容共分7章：第1章介绍欧洲经济社会、资源环境和能源电力发展现状；第2章分析欧洲可持续发展和能源转型面临的挑战，并提出欧洲能源互联网发展思路；第3章在实现全球2摄氏度

温控目标的指引下，展望欧洲能源电力转型发展趋势，提出情景预测；第4章研究清洁能源资源分布和大型发电基地布局；第5章基于电力平衡分析，研究提出电网互联总体格局和互联方案；第6章评估构建欧洲能源互联网所能带来的综合效益；第7章展望实现全球1.5摄氏度温控目标的欧洲能源电力清洁发展路径与情景方案。

　　希望本报告能为政府部门、国际组织、能源企业、金融机构、研究机构、高等院校和相关人员开展政策制定、战略研究、技术创新、项目开发、国际合作等提供参考。受数据资料和研究编写时间所限，内容难免存在不足，欢迎读者批评指正。

研究范围

本报告研究范围主要覆盖欧洲 40 个国家，为方便研究和叙述，参考电网运营情况和地理人文习惯，划分为 7 个区域 ❶：

不列颠群岛区域　包括英国、爱尔兰。

北欧区域　包括挪威、瑞典、芬兰、丹麦、冰岛。

西欧区域　包括法国、荷兰、比利时、卢森堡、西班牙、葡萄牙、德国、奥地利、瑞士。

南欧区域　包括意大利、斯洛文尼亚、塞尔维亚、阿尔巴尼亚、波黑、希腊、克罗地亚、黑山、北马其顿。

东欧区域　包括波兰、捷克、斯洛伐克、匈牙利、罗马尼亚、保加利亚、塞浦路斯、土耳其。

波罗的海国家区域　包括爱沙尼亚、拉脱维亚、立陶宛。

俄罗斯及周边区域　包括俄罗斯、白俄罗斯、乌克兰、摩尔多瓦。

---

❶ 本报告对任何领土主权、国际边界疆域划定及任何领土、城市或地区名称不持立场，后同。

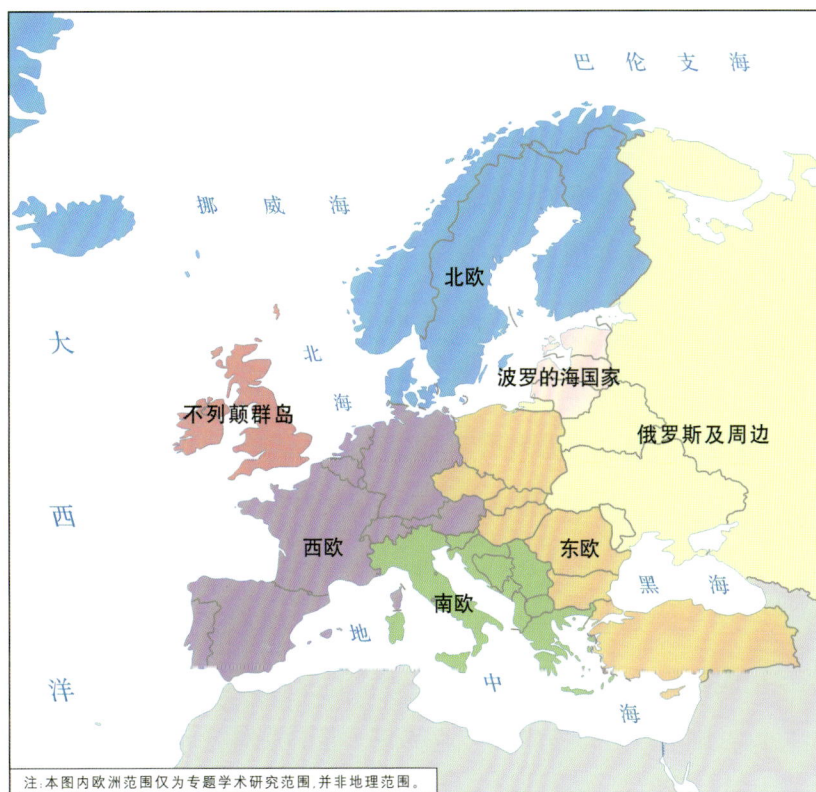

注：本图内欧洲范围仅为专题学术研究范围，并非地理范围。

欧洲研究范围示意图

摘要

欧洲经济社会发达，在促进清洁能源发展、应对气候变化、推动区域一体化进程等方面走在世界前列。欧盟和欧洲各国围绕能源转型制定了一系列战略目标和政策措施，为保障能源安全、清洁、高效供应，建设团结、稳定、开放、繁荣的欧洲奠定了重要基础。实现欧洲经济和社会、资源和环境、人与自然协调可持续发展，需要秉持清洁低碳高效发展理念，以欧洲人口、经济增长及产业发展为基础，统筹考虑技术创新因素、气候和环境发展约束，兼顾不同区域、国家资源禀赋和发展阶段差异，进一步提升电气化水平，促进电－碳市场发展，持续引领全球能源清洁转型。

实现欧洲可持续发展，关键是大力发展清洁能源，提高电能消费比重，进一步提高欧洲电力一体化水平，构建欧洲能源互联网。加快洲内清洁能源开发，实现能源供应安全、清洁；加大洲外清洁能源受入，实现能源供应经济、高效；提高电气化水平，打造以电为中心的能源生产消费结构，创新构建电碳联合交易机制，为全球能源转型和气候治理树立典范；打造欧洲及周边能源电力合作平台，实现能源资源大范围优化配置；建设清洁低碳高效、多能互补互济、区域共建共享的欧洲能源互联网，推动新一轮技术和产业革命，促进欧洲经济社会繁荣发展。

欧洲能效提升、技术进步等因素促使欧洲能源需求继续下降，能源消费进一步清洁低碳化，终端用能向以电为中心转变。预计，2050 年欧洲一次能源需求总量下降 19%，至 33.2 亿吨标准煤；终端部门需求量减少 26%，至 19.4 亿吨标准煤；2030 年前欧洲清洁能源超过化石能源成为主导能源，2050 年清洁能源占一次能源比重增至 78%；2030 年前后欧洲电能超过石油成为终端第一大能源，2050 年电能占终端能源比重提高到 59%；2035 年、2050 年欧洲总用电量分别达到 6.7 万亿千瓦时和 8.1 万亿千瓦时，2017—2035 年、2036—2050 年的年均增速分别为 1.8% 和 1.1%。

欧洲电力供应发展总体趋势是逐步减煤减油，加快去核化进程，清洁能源开发集中式与分布式并举，清洁能源供给洲内开发与洲外受入并举。 预计，欧洲 2035 年、2050 年电源装机容量分别达到 28.8 亿千瓦和 38.2 亿千瓦。清洁能源装机占比由 2017 年的 54.5% 提高至 2050 年的 92.7%，发电量占比由 2017 年的 52% 提高至 2050 年的 91%。风能大规模集中开发区域主要集中在欧洲北部海域，太阳能集中式开发区域主要在欧洲南部。欧洲大陆等人口密集地区，风光资源以分布式开发为主。预计到 2050 年，建设北海、波罗的海、挪威海、巴伦支海和格陵兰岛 5 个风电基地，北欧、俄罗斯、土耳其等 3 个水电基地。

欧洲电力流呈现"洲内北电南送、跨洲受入亚非电力"的格局。 北欧重点开发海上风电和水电，波罗的海国家重点开发海上风电，在满足本地用电的基础上，送电欧洲其他区域。不列颠群岛总体自平衡，承接北欧、格陵兰清洁电力转送欧洲大陆，是电力中转站。西欧、南欧和东欧电力需求较大，是电力受入中心，接受洲内北部盈余电力和亚非清洁电力。预计，2035 年、2050 年跨洲跨区电力流规模将分别达到 8500 万千瓦和 1.33 亿千瓦。

欧洲总体形成以欧洲大陆柔性直流电网为核心，连接北海、波罗的海、挪威海、巴伦支海风电基地和北欧水电基地，跨洲连接北非、西亚、中亚清洁能源基地的直流电网格局。 汇集北海、挪威海、格陵兰岛周边区域海上风电及北欧水电，形成 ±800 千伏直流电网；汇集波罗的海、巴伦支海区域海上风电形成 ±800/±660 千伏直流电网。西欧、南欧、东欧建设网格型 ±800/±660 千伏柔性直流环网，大规模受入清洁能源并实现各国间互补互济。跨洲，经伊比利亚半岛、亚平宁半岛、巴尔干半岛通过 ±800/±660 千伏直流接受北非、西亚清洁电力，实现北风南光互补。通过 ±800 千伏直流接受中亚电力，实现亚欧互济。

　　预计到 2050 年前，将建设 11 项跨洲和 3 项跨区重点互联互通工程，支撑清洁能源大规模、远距离输送和互补互济，实现更大范围能源电力贸易。跨洲建成 8 个 ±800 千伏直流工程、2 个 ±660 千伏直流工程及 1 个 ±500 千伏直流工程，总输送容量 7500 万千瓦；跨区建成 1 个 ±800 千伏直流工程，输送容量 800 万千瓦，1 个 ±800 千伏柔性直流环网工程及 1 个 ±800/±660 千伏柔性直流环网工程。

　　构建欧洲能源互联网综合效益显著。经济效益方面，预计到 2050 年，欧洲能源互联网累计投资约 4.9 万亿美元，对经济增长的平均贡献率为 1.9%，有效促进清洁能源资源开发。能源供给更可靠、更清洁。社会效益方面，可有力带动能源电力基础设施和上下游产业发展，累计创造就业岗位约 2700 万个，大幅降低能源供应成本。环境效益方面，欧洲能源互联网建设可有效减少温室气体排放，到 2050 年，能源系统二氧化碳排放降至 11 亿吨 / 年；有效减少气候相关灾害，减少大气污染物排放，到 2050 年可减少排放二氧化硫 680 万吨 / 年、氮氧化物 1550 万吨 / 年、细颗粒物 150 万吨 / 年，提高土地资源价值 180 亿美元 / 年。政治效益方面，可加强区域互信基础，促进区域协同发展，提升区域一体化，促进各国政府、企业和国际组织紧密合作。

着眼于助力实现全球 1.5 摄氏度温控目标，欧洲进一步加大清洁低碳发展力度，持续提升清洁化、电气化水平，提高电网互联规模。与助力实现全球 2 摄氏度温控目标相比，进一步压减化石能源，预计 2050 年一次能源中化石能源需求将减少 53%；提升清洁能源开发比例，2050 年清洁能源电源装机容量将增加 10%；加快电能替代，2050 年电能占终端能源比重将提升约 16 个百分点；加强电网互联互通，跨洲跨区电力流将增加 2400 万千瓦；加大投资力度，到 2050 年清洁能源开发和电网建设投资累计将增加 10%。

目录

目录

图表目录

■ 图目录

■ 表目录

欧洲发展基本情况

欧洲北临北冰洋,西隔大西洋与北美洲相望,南隔地中海与非洲相望,面积2386万平方千米。欧洲经济发达、社会文明和一体化程度高,是世界上最发达的地区之一。欧洲清洁发展成就突出,是应对全球气候变化的积极领导者,清洁能源利用的推动者和碳交易市场的先行者。这些举措为提供安全、清洁、高效的能源供应和建设稳定、开放、繁荣的欧洲奠定了重要基础。

1.1 经济社会

1.1.1 宏观经济

欧洲整体经济水平发达。2017 年,欧洲各国国内生产总值(GDP)总和为 21.1 万亿美元,全球占比约 26.5%,人均 GDP 约 2.6 万美元。其中,欧盟地区经济水平在全球处于领先地位,2017 年 GDP 总量约 18.8 万亿美元,增速为 2.5%,全球占比约 23%,人均 GDP 约 3.8 万美元[1];产业结构以服务业为主,占 GDP 比重的 74%,工业占比 25.6%[2]、农业占比 1.4%。独联体国家[3]经济水平相对较低,2017 年 GDP 总量约 2.04 万亿美元,增速为 2.2%,人均 GDP 约 7381 美元。欧洲 2010—2017 年 GDP 总量如图 1-1 所示。欧洲经济社会概况详见附表 2-1。

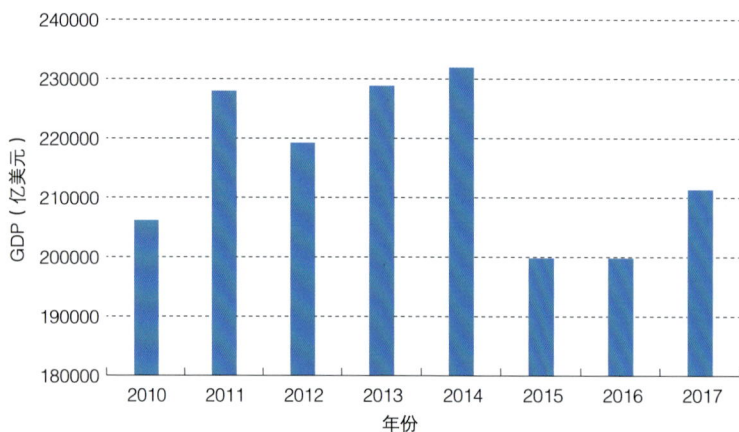

图 1-1　2010—2017 年欧洲 GDP 总量[4]

欧洲工业发达,高端制造业、高新技术产业优势突出。世界第一次与第二次工业革命均发源于欧洲。西欧、北欧及南欧主要国家已完成工业化进程,其中,德国、法国、英国和意大利等工业大国生产规模大,工业部门较为齐全,综合实力雄厚,其余国家则根据本国的具体条件,因地制宜发展特色工业。欧洲科技实力强大,其中欧盟科技产出约占全球的 1/3,是世界上最大的"知识生产工厂"和科研创新中心。欧洲有多个汽车、航空、制药强国,在 16 个机械装备业领域中处于世界出口领先地位。欧盟在化工、医药、航空、机动车辆、精密仪器等高端制造

---

[1]　数据来源:世界银行,世界发展指标,2019。
[2]　数据来源:Indexmundi,欧盟经济简况 2018,2018。
[3]　此处只统计本报告研究范围内的独联体国家,包括:俄罗斯、白俄罗斯、乌克兰、爱沙尼亚、立陶宛和拉脱维亚。
[4]　数据来源:世界银行,2019。

业拥有比较优势，机电产品在欧盟前 10 大出口产品中占据 6 席，出口额约占欧盟总出口额的 40%。

1.1.2　人文社会

2017 年，欧洲人口为 8.27 亿，占世界人口的 11.1%，其中，欧盟国家人口 5.1 亿。根据联合国预测，未来欧洲人口将基本平稳甚至负增长，预计 2035 年、2050 年分别为 8.27 亿和 8.08 亿。欧洲 2017—2050 年人口总量预测如图 1-2 所示。

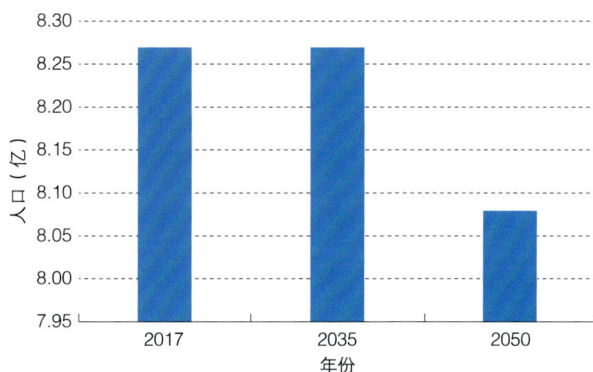

图 1-2　2017—2050 年欧洲人口总量预测 ❶

欧洲社会发展全球领先。一是城市化水平高。2018 年，欧洲城市化率为 74%，高出全球平均水平近 20 个百分点 ❷。**二是国家竞争力全球领先。**据瑞士洛桑国际管理学院发布的 2018 年世界竞争力年报，欧洲有 8 个国家进入前 10 名 ❸。世界银行最新发布的营商环境排名中，前 50 名中超过一半都是欧洲国家。**三是生态环境良好，宜居程度高。**欧洲在全球环境绩效指数排名前 20 名的国家中占据 17 席 ❹。全球城市生活质量排名前 10 名的城市中有 8 座欧洲城市 ❺。欧洲人口预期寿命为 77.5 岁，为各洲之首 ❻。

1.1.3　区域合作

欧洲是全球政治、经济区域合作程度最高的地区。欧盟是区域一体化的典范，成立 60 多年来已有 28 个成员国，对外政策高度一致，对内采取相应的统一措施，确保地区和平、社会稳定。通过发行统一货币进而实现货币政策的相对统一，目前已有 19 个国家、约 3.38 亿人使用欧元。对内金融市场已经高度融合，统一关税实现货物在欧元区的自由流动。高度一体化在**政治上**增强各国的影响力，促进世界多样化趋势的形成与发展；**经济上**强化各国之间的联系，增强对外经

---

❶ 数据来源：联合国，2019。
❷ 数据来源：联合国经济和社会事务部，2018 年世界城市化趋势，2018。
❸ 数据来源：瑞士洛桑国际管理学院，2018 年世界竞争力排名，2018。
❹ 数据来源：耶鲁大学，2018 年全球环境绩效指数报告，2018。
❺ 数据来源：美世，2018 年全球城市生活质量排名，2018。
❻ 数据来源：世界卫生组织，世界卫生统计 2018，2018。

济竞争力，提高国际经济合作水平；**安全上**强化各国合作，有利于维护地区和平与安全；**文化上**相互交融，有利于欧洲文化的传播与发展。

1.1.4 发展战略

欧洲国家普遍重视科技创新，促进产业变革。德国通过了《2025 高科技战略》，将投资 150 亿欧元促进尖端技术发展；发布《国家工业战略 2030》，提出通过国家适度干预重点工业领域，打造龙头企业，继续保持德国工业在欧洲乃至全球的竞争力。**英国**发布《产业战略：建设适应未来的英国》白皮书，旨在增强研发和创新能力，以科技促进英国的经济发展和转型，确保抓住全球科技和产业变革的机遇。**法国**政府分别于2013年、2015年和2017年提出了"新工业法国""未来工业"和"法国工业的雄心"等战略，旨在通过创新驱动法国工业转型升级。**意大利**推出了"工业 4.0 国家计划（2017—2020 年）"，为所有企业提供了支持措施，旨在促进对新技术、研发的投资，重振意大利公司的竞争力。**俄罗斯**政府提出将加快科技发展，大力推动数字技术在经济及社会领域的应用，并保持宏观经济稳定发展，经济增长要超过全球平均增长水平，成为世界前五大经济体之一。**挪威**政府发布"挪威作为数据中心国家"战略，推动数据中心产业发展计划，希望成为数据中心领域的世界级参与者。**白俄罗斯**提出"2016—2020 年社会经济发展纲要"和《2030 年前白俄罗斯社会经济稳定发展国家战略》，主要目标包括增强经济竞争力、吸引投资和创新性发展。欧洲部分国家发展战略如表 1-1 所示。

表 1-1　欧洲部分国家发展战略

国家	官方战略
德国	《2025 高科技战略》《国家工业战略 2030》
英国	《制造业的未来：英国的新机遇和挑战时代》《产业战略：建设适应未来的英国》
法国	"新工业法国""未来工业"和"法国工业的雄心"
意大利	"工业 4.0 国家计划（2017—2020 年）""2015—2020 年国家研究计划"
挪威	"挪威作为数据中心国家"
瑞典	《瑞典 2025 愿景》
俄罗斯	《国家项目：任务指标与基本目标》
乌克兰	《改革和重建经济规划》《关于"乌克兰—2020"稳定发展战略》
白俄罗斯	《2030 年前白俄罗斯社会经济稳定发展国家战略》
土耳其	《总统制下内阁的百日工作计划》

欧盟制定十年期经济社会发展战略。2010 年 6 月，欧盟正式通过了"欧洲 2020：智慧型、可持续与包容性的增长战略"，是欧盟制定的第二个十年经济社会发展战略。"欧洲 2020 战略"在经济社会领域明确了三个优先发展的战略重点：一是构建基于知识经济与技术创新的经济发展模式，实现智慧型增长；二是形成资源有效利用、绿色环保和具备竞争优势的经济可持续增长模式；三是促进区域一体化和增强社会凝聚力，实现包容性增长。"欧洲 2020 战略"针对科技创新、绿色发展和消除贫困等方面设定了具体发展目标，例如激励科技创新、开发清洁能源并提高能源效率、加快升级欧洲能源网络、增加就业岗位等。

独联体国家加强经济合作与发展。为了向独联体成员国注入经济发展新动力、确保稳定平衡的经济增长和经济安全、提高竞争力，独联体成员国政府首脑于 2008 年签订了独联体 2020 年前经济发展战略，明确了建立自由贸易区、深化能源领域合作、发展农产品共同市场、加强投资和生产合作及改善交通运输等重点领域的合作。2019 年独联体首脑理事会提出制定 2030 年前国家间创新合作计划。

1.2 资源环境

1.2.1 自然资源

矿产资源主要集中在俄罗斯和中东欧。俄罗斯铁矿石和铝蕴藏量均居世界前列；铀蕴藏量占世界探明储量的 14%；磷灰石占世界探明储量 65%；镍占世界探明储量 30%；锡占世界探明储量 30%；非金属矿藏也较为丰富。中东欧的矿产资源较为丰富：波兰银储量世界第 7、铜储量世界第 8、铅储量世界第 11；塞尔维亚锂矿储量世界第 7；阿尔巴尼亚铜矿的储量和产量位居欧洲第 2 位，铬矿的储量和产量也居世界前列。欧洲其他国家矿产资源十分有限，大部分依赖进口。

化石能源资源丰富，主要集中在俄罗斯。欧洲煤炭资源丰富，探明储量约 2950 亿吨，占全球 28%，主要分布在俄罗斯、德国、乌克兰等，其中俄罗斯占欧洲煤炭储量 54% 以上❶。石油探明储量约 164 亿吨，占全球 6.7%，主要分布在俄罗斯、挪威等，其中俄罗斯占欧洲石油储量 89%。天然气资源丰富，探明储量约 42.8 万亿立方米，占全球 21.7%。主要分布在俄罗斯、乌克兰、挪威，其中俄罗斯占欧洲天然气储量 91%。俄罗斯油气和矿产资源的探明储量每年都有新的增加，进一步巩固了其世界第一资源大国的地位。欧洲化石能源资源情况如表 1-2 所示。

清洁能源开发潜力大。欧洲水能资源理论蕴藏量约 6.4 万亿千瓦时 / 年❷，主要分布在欧洲大陆各主要山脉水系，土耳其底格里斯河—幼发拉底河流域，以及俄罗斯伏尔加河流域、叶尼塞河流域等。风能资源理论蕴藏量超过 230 万亿千瓦时 / 年，主要分布在丹麦沿海海域及格

---

❶ 数据来源：英国石油公司，世界能源统计年鉴，2019。
❷ 数据来源：刘振亚，全球能源互联网，2015。

陵兰岛、爱尔兰、英国、法国、德国和波兰沿海。太阳能资源理论蕴藏量超过 21700 万亿千瓦时 / 年,主要集中在西班牙、意大利等欧洲南部国家,年总水平面辐射量超过 1600 千瓦时 / 平方米。

表 1-2　欧洲化石能源资源

国家	煤炭		石油		天然气	
	总量 （亿吨）	占全球 比重（%）	总量 （亿吨）	占全球 比重（%）	总量 （万亿立方米）	占全球 比重（%）
德国	361	3.4	—	—	—	—
挪威	—	—	11	0.5	1.6	0.8
俄罗斯	1603	15.2	146	6.0	38.9	19.8
乌克兰	344	3.3	—	—	1.1	0.6
其他国家	642	6.1	7	0.2	1.2	0.5
合计	2950	28.0	164	6.7	42.8	21.7

1.2.2　生态环境

欧洲以温带气候为主,河网稠密且水量充沛,森林资源丰富。欧洲大部分地区属于温带海洋性和温带大陆性气候,气候多样,其中欧洲西部属于温带海洋性气候,温和湿润,降雨丰富;欧洲大陆从西向东逐渐由海洋性气候过渡到大陆性气候,干燥少雨,气温年变化和日变化较大;地中海沿海属于地中海气候,夏季炎热干燥,冬季温和多雨。欧洲河网稠密,河流短小而水量充沛,主要河流有伏尔加河、多瑙河和叶尼塞河,湖泊众多,对改善周边气候和环境作用重大,其中芬兰有"千湖之国"之称。欧洲森林资源丰富,森林覆盖率 46%,居世界第二位❶。由于基础设施建设和城市扩张,欧盟国家平均每年损失约 1000 平方千米农业用地❷,欧洲农业用地面积比重较小。

欧洲碳排放逐年下降。1990—2016 年,欧洲化石能源燃烧产生的二氧化碳年排放量从 73 亿吨下降到 54 亿吨,占全世界排放总量的比例从 35.6% 下降到 16.7%。其中,欧盟二氧化碳年排放量为 32 亿吨,占欧洲总量的 59.3%,俄罗斯为 14 亿吨,占欧洲总量的 26.7%。**欧洲化石能源燃烧产生的二氧化碳主要来源于石油和天然气,主要排放来自发电与制热部门、交通部门。**2016 年,煤炭、石油、天然气燃烧产生的二氧化碳排放占比分别为 30%、35% 和 35%,发电与制热部门、交通部门化石能源排放的二氧化碳分别约占总量的 42% 和 25%。欧洲分品种化石能源燃烧产生的二氧化碳如图 1-3 所示。**近年来欧洲频繁遭遇极端天气,造成严重损失。**

---

❶ 数据来源:联合国粮食及农业组织,世界森林状况,2016。
❷ 数据来源:联合国环境规划署,全球环境展望 6:泛欧洲区域报告,2016。

1980—2017 年，洪水、干旱、热浪等极端天气给欧洲经济区国家（33 国）造成的经济损失达4526 亿欧元。高温热浪事件造成近 8 万人死亡，占比高达 87%[1]，其中 2003 年 6 月至 9 月的高温事件造成了 7 万人死亡[2]。风暴等气象事件造成经济损失 1755 亿欧元，占比 38.8%。2010 年俄罗斯发生的 44 天高温热浪事件也造成了 5.5 万人死亡[3]。1980—2017 年欧洲气候相关灾害造成死亡人数和经济损失占比如图 1-4 所示。

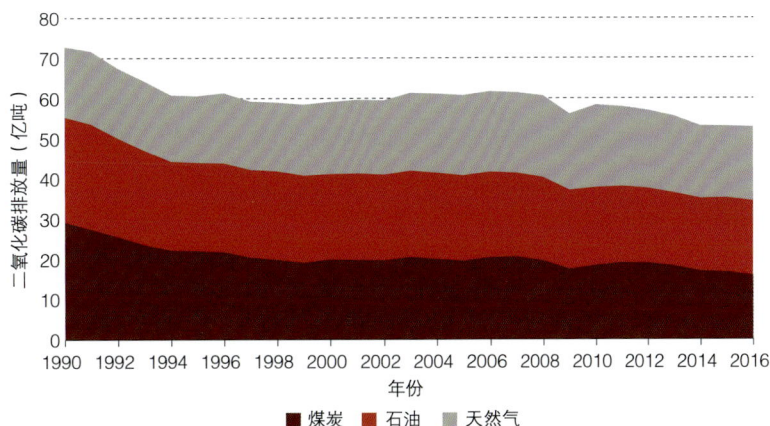

图 1-3 欧洲分品种化石能源燃烧产生的二氧化碳[4]

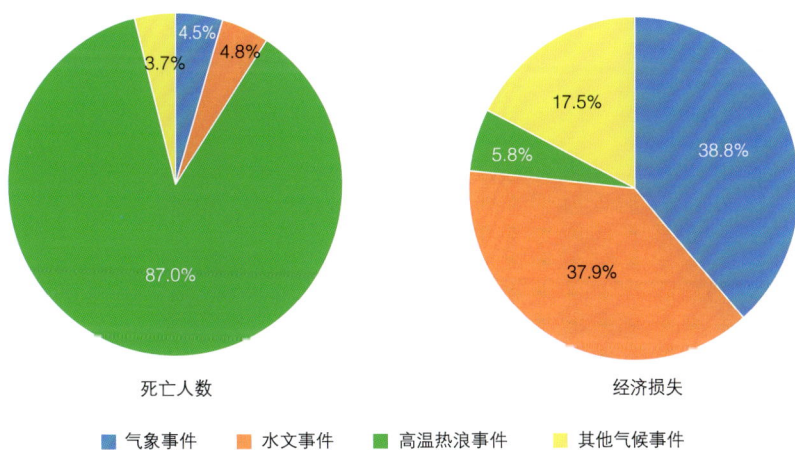

图 1-4 1980—2017 年欧洲气候相关灾害造成死亡人数和经济损失占比[5]

欧洲各国积极应对气候变化。欧洲主要国家均签署了《巴黎协定》，制定应对气候变化国家自主贡献目标和中长期减排战略。**欧盟**承诺 2030 年温室气体排放量相比 1990 年至少减少

---

❶ 数据来源：欧洲环境署，欧洲极端气候造成的经济损失，2019。
❷ 数据来源：Shaposhnikov 等，与 2010 年莫斯科热浪和野火相关的空气污染致死率，2014。
❸ 数据来源：世界气象组织，全球气候状况声明，2018。
❹ 数据来源：国际能源署，化石能源燃烧 CO_2 排放，2018。
❺ 气象事件包括风暴等，水文事件包括洪水、块体运动等，其他气候事件包括寒流、干旱、森林火灾等。

40%❶。**英国**❷、**法国**❸、**芬兰**❹、**瑞典**❺、**丹麦**❻等多个欧盟国家提出将于 2050 年前实现碳中和作为长期减排目标，芬兰提出 2035 年实现净零排放。**俄罗斯、乌克兰**分别承诺 2030 年温室气体排放量相比 1990 年减少 25% ~ 30%❼和 40%❽。**瑞士**承诺 2030 年、2050 年温室气体排放分别比 1990 年减少 50% 和 75% ~ 80%❾。**挪威**承诺到 2030 年温室气体相较 1990 年减排 40%❿，并于 2017 年提出到 2050 年实现低碳社会目标⓫。

1.3 能源电力

1.3.1 能源发展

　　能源生产以油气为主，总量保持平稳。2000—2010 年，欧洲能源生产量从 32.8 亿吨标准煤增长到 35.4 亿吨标准煤，年均增长 0.8%，之后保持平稳，2016 年为 35.5 亿吨标准煤，2000—2016 年年均增长 0.5%，占全球比重下降至 18%⓬。人均能源生产量 4.3 吨标准煤，约为全球平均水平的 1.6 倍。2016 年，欧洲化石能源产量占能源生产量比重 76%，其中煤、油、气比重分别为 16%、29%、31%。2000—2016 年，煤炭产量持续下降，从 5.8 亿吨标准煤下降到 5.6 亿吨标准煤，年均减少 0.2%，石油、天然气产量从 9.7 亿、10.6 亿吨标准煤增长至 10.4 亿、10.9 亿吨标准煤，年均增长 0.4%、0.2%。欧洲能源生产情况如图 1-5 所示。

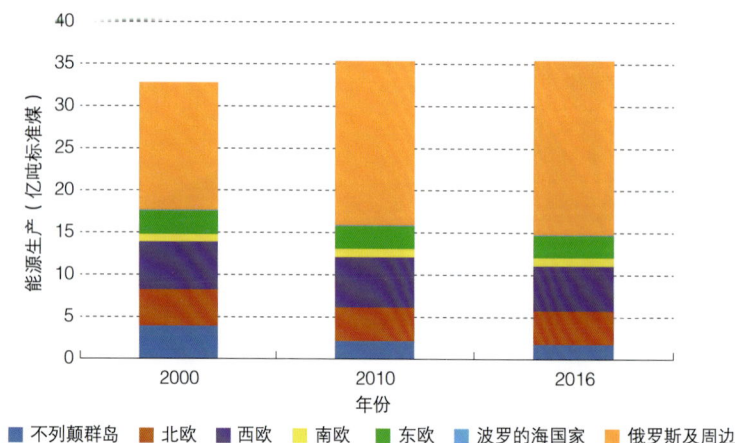

图 1-5　2000—2016 年欧洲能源生产量

---

❶　数据来源：欧盟，欧盟国家自主贡献，2016。
❷　数据来源：英国政府，2008 年气候变化法案（2050 年目标修正案）第 2019 号令，2019。
❸　数据来源：气候行动追踪网，欧盟气候行动总结，2019。
❹　数据来源：芬兰政府，参与和认识芬兰，2019。
❺　数据来源：瑞典政府办公室，气候政策框架，2018。
❻　数据来源：丹麦能源、公共事业与气候部，能源条约，2018。
❼　数据来源：俄罗斯政府，俄罗斯国家自主贡献预案，2015。
❽　数据来源：乌克兰政府，乌克兰国家自主贡献，2016。
❾　数据来源：瑞士政府，瑞士国家自主贡献，2017。
❿　数据来源：挪威政府，挪威国家自主贡献，2016。
⓫　数据来源：挪威气候与环境部，气候变化法案，2017。
⓬　数据来源：国际能源署，世界能源平衡，2017。

　　一次能源消费总量先增后降，清洁能源尤其是风光比重不断提升。欧洲能源消费总量在 2010 年前保持增长，2000—2010 年年均增长 0.7%，之后下降至 2016 年的 40.9 亿吨标准煤 ❶，2010—2016 年年均下降 0.3%，占全球比重下降至 20%。欧洲一次能源消费情况如图 1-6 所示。人均能源消费量 5 吨标准煤，是全球平均水平的 1.8 倍。2000—2016 年，欧洲化石能源消费占一次能源比重从 80% 下降至 72.8%，煤炭、石油消费持续下降，天然气消费先增后降，煤炭、石油、天然气在一次能源消费中占比分别下降至 15.5%、27.5%、29.8%。清洁能源比重从 20% 持续提升至 27.2%，高于全球平均水平 4 个百分点。2016 年欧洲一次能源消费结构如图 1-7 所示。

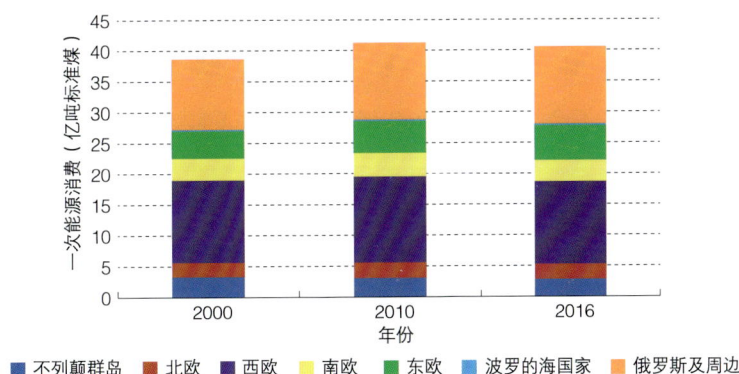

图 1-6　2000—2016 年欧洲一次能源消费量

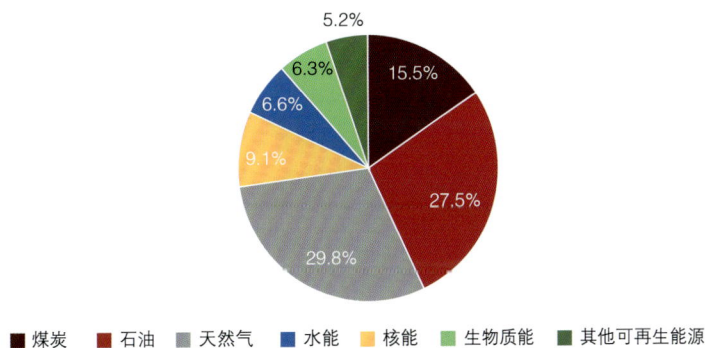

图 1-7　2016 年欧洲一次能源消费结构

　　终端能源消费先增后降，以油气为主，终端电能比重持续提升。2000—2010 年，欧洲终端能源消费总量从 25.7 亿吨标准煤增长至 27 亿吨标准煤，年均增长 0.5%，之后下降至 2016 年的 26.3 亿吨标准煤，2010—2016 年年均下降 0.5%。2000—2016 年欧洲终端能源消费情况如图 1-8 所示。2016 年，工业、交通、居民、商业服务业占终端能源消费总量比重分别为 25%、26%、25%、14%。2000—2016 年，终端石油消费持续下降，天然气消费先增后降，石油和天

❶ 采用发电煤耗法，下同。

然气消费总量维持约 16.1 亿吨标准煤，石油、天然气占终端能源消费比重从 39%、24% 变化至
37.1%、24.5%，煤炭比重下降至 3.7%。终端电能比重从 17.2% 持续提升至 19.4%，稍高于全球
平均水平。2016 年欧洲终端能源消费结构如图 1-9 所示。

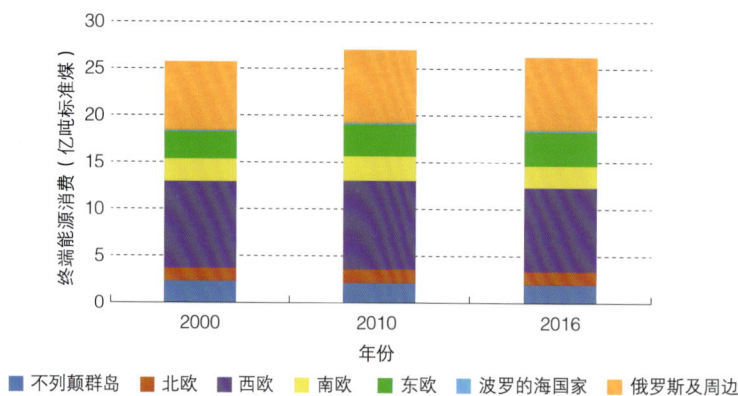

图 1-8　2000—2016 年欧洲终端能源消费

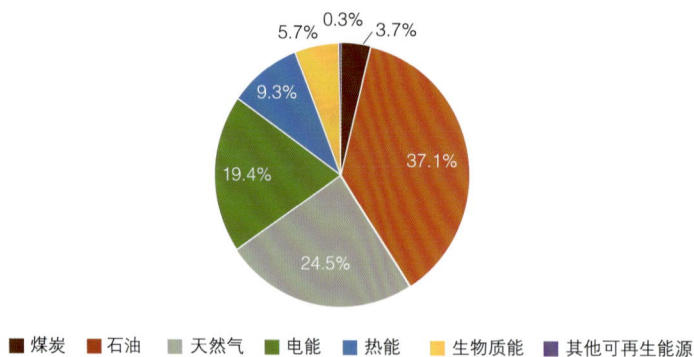

图 1-9　2016 年欧洲终端能源消费结构

1.3.2　电力发展

电力消费总量较高，人均用电量处于世界领先水平。欧洲各区域的电力发展基本情况如
表 1-3 所示。2017 年欧洲总用电量 4.8 万亿千瓦时，占全球总用电量的 21%。其中 35%、25%
的电力消费分别集中在西欧、俄罗斯及周边区域。2017 年欧洲电力普及率为 100%。欧洲年人
均用电量 5885 千瓦时，约为世界平均水平的 1.9 倍。2017 年，年人均用电量最大的国家是冰岛，
达到 5.5 万千瓦时，挪威、芬兰和瑞典年人均用电量分别为 2.5 万、1.5 万和 1.4 万千瓦时。欧
洲电力发展和电源装机结构现状详见附表 2-3 和附表 2-4。

表 1-3 2017 年欧洲电力发展现状

区域	装机容量 （万千瓦）	用电量 （亿千瓦时）	年人均用电量 （千瓦时）	最大负荷 （万千瓦）	电力普及率 （%）
不列颠群岛	10307	3530	4976	6853	100
北欧	10757	4118	15361	7208	100
西欧	56122	16808	6722	27764	100
南欧	17537	4743	5007	8486	100
东欧	19551	6866	3977	11103	100
波罗的海国家	927	275	4472	460	100
俄罗斯及周边	30314	12095	5996	18299	100
合计	145516	48435	5885	80174	100

清洁能源装机占比较高，人均装机容量高于世界平均水平。2017 年欧洲总装机容量约 14.6 亿千瓦，其中清洁能源装机容量 7.9 亿千瓦，约占总装机容量 54.5%。风电装机容量约 1.7 亿千瓦，占比 12%；太阳能装机容量约 1.1 亿千瓦，占比 7.7%；水电装机容量约 2.9 亿千瓦，占比 20%；火电装机容量 6.6 亿千瓦，占比 45.5%；核电装机容量 1.6 亿千瓦，占比 11.3%。2017 年欧洲电源装机结构如图 1-10 所示。2017 年欧洲人均装机容量 1.8 千瓦，为世界平均水平的 2.2 倍。俄罗斯和德国两国装机容量分别位居第一、第二，约 2.4 亿千瓦和 2 亿千瓦，约占欧洲总装机容量的 16.5% 和 14.3%。

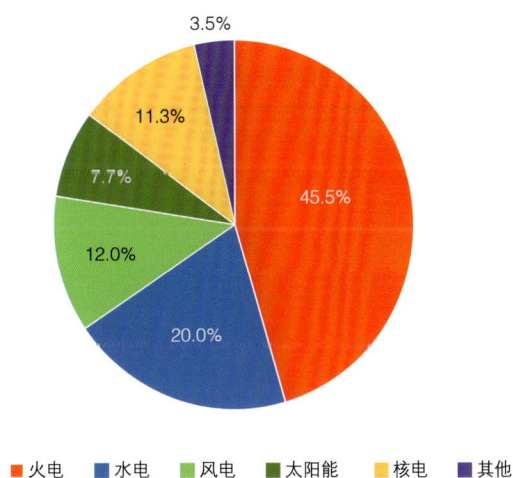

图 1-10 2017 年欧洲电源装机结构

2017 年，欧洲总发电量约 4.8 万亿千瓦时，其中清洁能源发电量约 2.5 万亿千瓦时，占比 52%。风电发电量约 0.4 万亿千瓦时，占比 8%；太阳能发电量约 0.1 万亿千瓦时，占比 2%；水电发电量约 0.7 万亿千瓦时，占比 15%。核电发电量约 1.1 万千瓦时，占比 23%。火电发电量约 2.3 万亿千瓦时，占比 48%。2017 年欧洲发电量结构如图 1-11 所示。

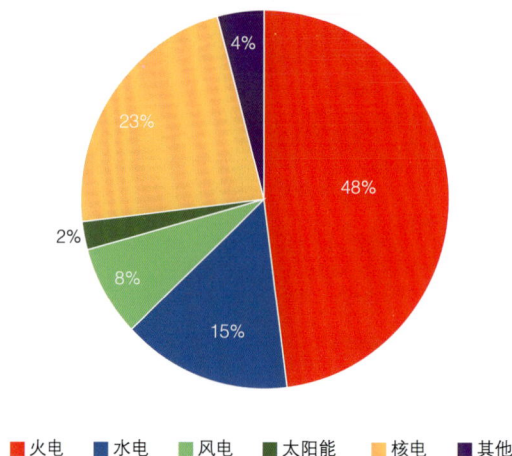

图 1-11　2017 年欧洲发电量结构

欧洲电网整体发展水平较高，跨国互联紧密。当前，欧洲共有 36 个国家的 43 家运营商加入了欧洲输电运营商联盟（Entso-E），形成世界最大的跨国互联电网，其中欧洲大陆、北欧、英国及爱尔兰电网主网架为 400 千伏，波罗的海国家电网主网架为 330 千伏，相互之间通过直流互联。欧洲大陆电网通过西班牙—摩洛哥的两回 400 千伏线路与北非互联；在东部与乌克兰电网互联；在东南部与西亚电网互联。波罗的海国家电网与俄罗斯电网互联。欧洲电网互联现状如图 1-12 所示。

欧洲重视清洁发展，是应对气候变化的首倡者和清洁能源利用的推动者。为了推动应对气候变化，欧盟提出 2050 年 80% 电力来源于可再生能源，制定了 2030 年跨国电网互联水平达到 15% 以上的目标；许多国家制定了减煤去核目标，德国 2022 年核电全部退役、2038 年煤电全部退役，法国 2021 年煤电全部退役、2025 年核电减少 50%，英国和意大利 2025 年煤电全部退役，比利时 2025 年核电全部退役。俄罗斯能源部提出将风电、光伏发电及 25 兆瓦以下小型水电作为重点支持领域。

1.3.3　市场现状

全球碳市场的先行者，推动减排成绩显著。欧盟碳排放交易体系启动于 2005 年，为全球交易规模最大的碳市场，管控欧盟境内的电力、工业、航空领域排放，每年覆盖近 20 亿吨二氧化碳当量，占欧盟排放总量的 40%。在市场机制推动下，欧盟排放量逐年下降，在全球温室气体排放占比已从市场启动时期的 14% 降低到目前的 9% 左右。市场机制成功助力排放与经济发展

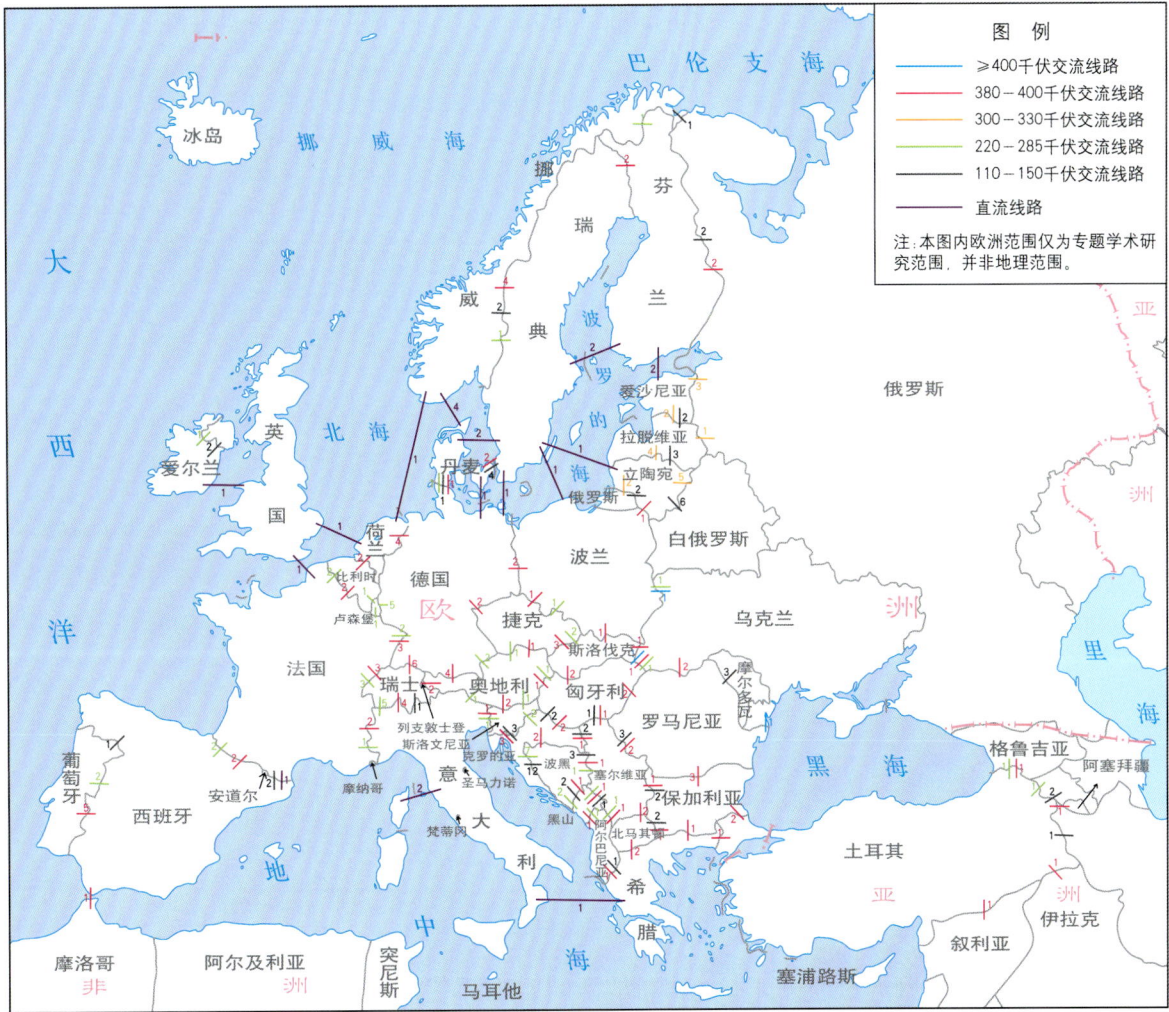

图 1-12　欧洲电网互联现状示意图

脱钩，与 1990 年相比，2017 年欧盟经济增长了 58%，但排放总量同时期下降了 22%，排放强度降低了 52%。碳交易也为各国带来巨大财政收益，截止到 2018 年年底，欧盟碳市场累计财政收入达到 359 亿欧元，仅当年就达到 142 亿欧元，其中 80% 以上被各国用于开展气候治理相关活动，推动减排在技术、手段、效率等方面不断提升。

全球区域电力市场的实践者，有效促进清洁能源发展。 欧盟各国于 2000 年前后相继推进电力市场化改革，推动统一电力市场建设，经过近 20 年发展，目前已形成全球最大的区域跨国电力市场，23 个国家实现日前市场联合交易，14 个国家实现日内市场联合交易，年跨国交易电量超过 5000 亿千瓦时。市场机制有效促进了清洁能源大规模开发及大范围配置，2016 年，欧盟非水可再生能源发电量达到 5798 亿千瓦时，占总发电量的 18%，与 2000 年市场化改革之前相比，非水可再生能源装机容量增长超过 10 倍，发电量增长了近 11 倍，市场交易电量提高了 9 倍。良好的电力市场环境与适应可再生能源发展的交易机制促使可再生能源获得较好的市场收益，进一步带动欧洲可再生能源项目投资，2017 年可再生能源投资总额达到 409 亿美元，其中风能和太阳能领域分别投资 280 亿美元和 108 亿美元。2017 年欧洲主要国家可再生能源投资额及增长率如图 1-13 所示。

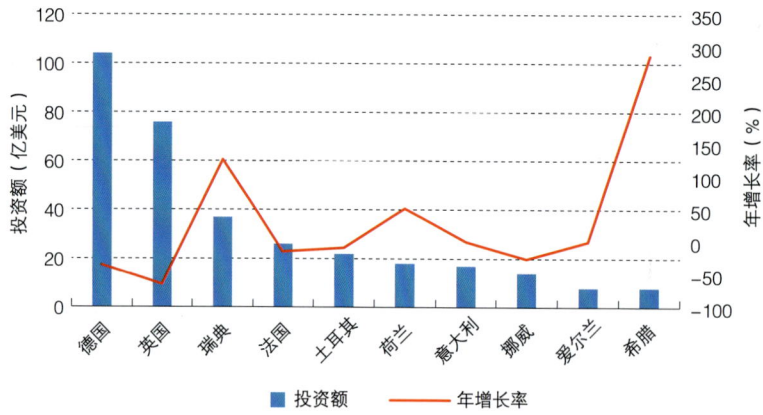

图 1-13　2017 年欧洲主要国家可再生能源投资额及增长率

2

可持续发展
挑战与思路

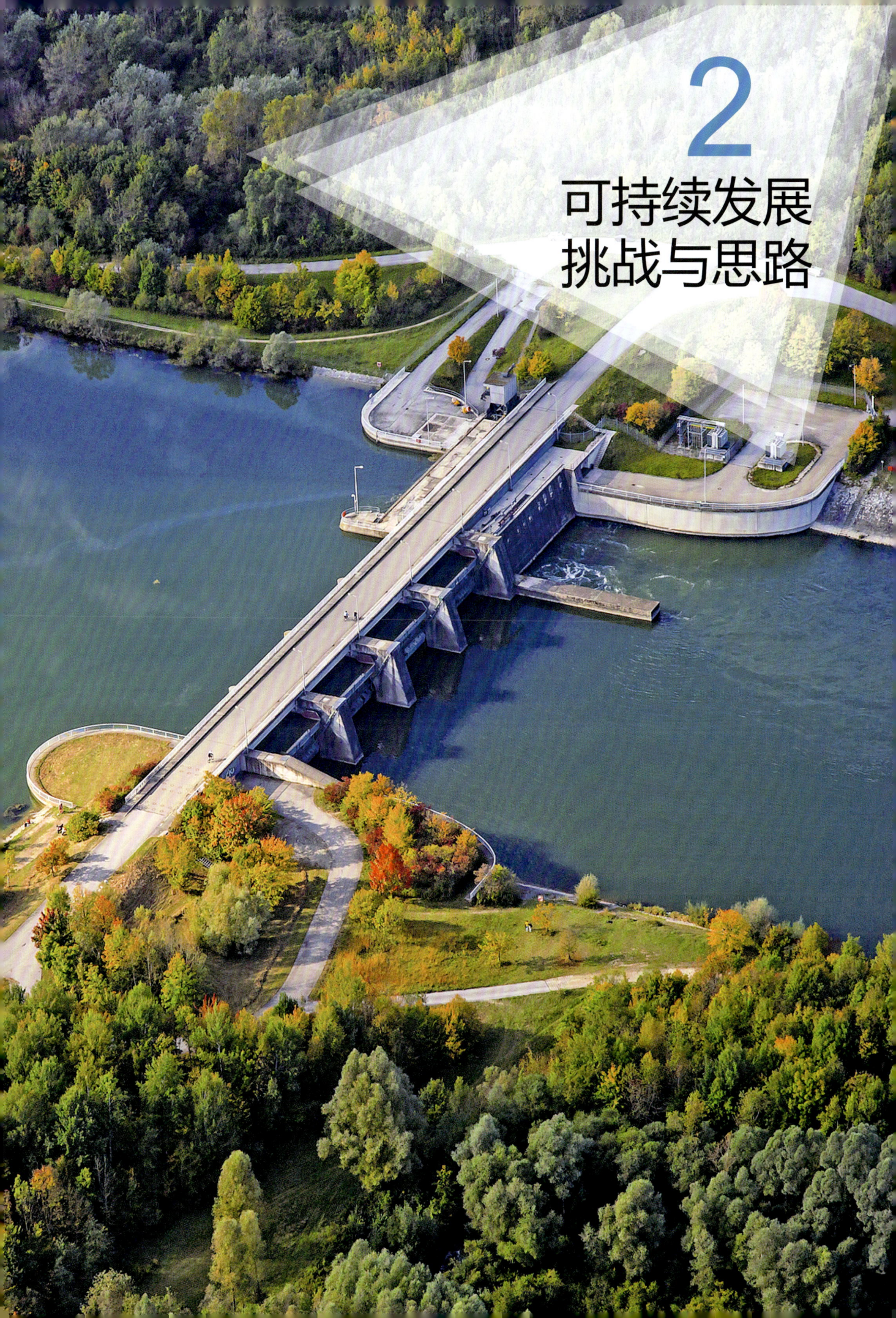

欧洲经济全球领先，是全球最发达的地区之一，但实现可持续发展仍面临经济增长乏力、区域发展不平衡、碳减排速度减缓和能源严重依赖进口等挑战。需要秉持绿色低碳的发展理念，加强更大范围能源基础设施互联互通，推动能源清洁低碳转型、产业创新升级转型，不断增强社会包容性和消除发展不均衡，以构建欧洲能源互联网促进可持续发展，为全球能源转型和气候治理树立典范。

2.1　发展挑战

欧洲经济发展亟需新动能。 2008 年在经济危机和欧债危机影响下，欧元区经济增长乏力，2001—2016 年年平均增速为 1.1%，远低于世界年平均增速 2.8%[1]。欧元区产业竞争力下滑，传统制造业领先优势减弱，占全球市场份额有所下降。欧洲区域发展不平衡，西欧和北欧总体比较发达。2017 年欧盟 GDP 总量约 15.3 万亿欧元[2]，其中一半以上由德、英、法三国创造。欧债危机以来，成员国之间的经济差距拉大，欧元区结构性问题凸显，在这种不均衡发展态势下，各国都在积极寻求新的经济增长点，加快经济复苏和发展。

碳排放下降速度减缓。 欧洲各国积极应对气候变化，通过加快清洁能源发展、推广电动汽车、提升能效等举措实现碳减排。虽然当前欧洲温室气体排放逐年下降，但减排速度变缓[3]，受清洁能源资源和利用条件限制、开发成本较高、财政补贴削减等影响，实现 2050 年应对气候变化长期目标仍存在挑战。同时，欧洲易受气候变化影响，近年来多国遭遇极端高温灾害，希腊、意大利等国家气温超过 40 摄氏度，显著高于历史同期，在增强气候适应方面还需加大力度。

欧盟化石能源严重依赖进口。 化石能源对外依存度持续攀升。2016 年，欧盟煤炭、石油、天然气净进口量分别为 1.4 亿、7.6 亿、3.9 亿吨标准煤，对外依存度分别为 61.2%、87.4%、70.4%，比 2000 年分别增加 19 个、11 个、22 个百分点。

2.2　发展思路

2.2.1　全球能源互联网发展理念

能源发展方式的不合理是引发全球可持续发展挑战的关键因素，化石能源的大量消耗导致全球资源匮乏、环境污染、气候变化、健康贫困等一系列严峻问题。应对挑战，走可持续发展之路，实质就是推动清洁发展。构建全球能源互联网，为推动世界能源转型、加快清洁发展提供了根本方案。全球能源互联网是能源生产清洁化、配置广域化、消费电气化的现代能源体系，是清洁能源在全球范围大规模开发、输送和使用的重要平台，实质就是**"智能电网 + 特高压电网 + 清洁能源"**。

---

[1] 数据来源：世界银行，2019。
[2] 数据来源：世界银行，2019。
[3] 欧盟委员会，给所有人一个清洁星球，2018。

构建全球能源互联网，将加快推动**"两个替代、一个提高、一个回归、一个转化"**。

两个替代

能源开发实施清洁替代，以水能、太阳能、风能等清洁能源替代化石能源；能源消费实施电能替代，以电代煤、以电代油、以电代气、以电代柴，用的是清洁发电。

一个提高

提高电气化水平和能源效率，增大电能在终端能源消费中的比重，在保障用能需求的前提下降低能源消费量。

一个回归

化石能源回归其基本属性，主要作为工业原料和材料使用，为经济社会发展创造更大价值、发挥更大作用。

一个转化

通过电力将二氧化碳、水等物质转化为氢气、甲烷、甲醇等燃料和原材料，破解资源困局，满足人类永续发展需求。

构建全球能源互联网，加快形成清洁主导、电为中心、互联互通、共建共享的能源系统，能够极大地促进能源开发、配置和消费全环节转型，让人人获得清洁、安全、廉价和高效的能源，开辟一条以能源清洁发展推动全球可持续发展的科学道路。

2.2.2 欧洲能源互联网促进欧洲可持续发展

欧洲可持续发展需秉持清洁低碳高效发展理念，以欧洲各国和区域人口、经济增长及产业发展为基础，统筹考虑技术创新因素、气候和环境发展约束，不同国家资源禀赋和发展阶段差异，进一步提升电气化，促进电－碳市场发展，引领全球能源清洁转型，促进社会融合发展，全面落实《巴黎协定》2 摄氏度温控目标，深化区域一体化，实现经济和社会、资源和环境、人与自然协调可持续发展。

经济方面

持续推进产业的绿色低碳转型，服务欧洲一体化发展。

社会方面

不断增强社会包容性和消除发展不均衡。

环境方面

全面加强各行业碳减排和污染物减排，实现清洁发展。

　　实现欧洲可持续发展，关键是加快开发洲内清洁能源，加强洲内外能源基础设施互联互通，构建欧洲能源互联网，实现能源深度转型和绿色低碳发展。欧洲能源互联网是全球能源互联网的重要组成部分，发展总体思路是加快洲内清洁能源开发，加大洲外清洁能源受入，以清洁和绿色方式满足经济社会发展对能源电力的需求，实现能源供应安全、清洁、高效；进一步提高电气化水平，打造以电为中心的能源生产消费结构，提升能源全过程利用效率，降低化石能源依赖，创新构建电碳联合交易机制，为全球能源转型和气候治理树立典范；加快建设和升级各国国内电网，加强跨国互联，提升洲际电力交换能力，进一步提高欧洲电力一体化水平，打造欧洲及周边能源电力合作平台，实现能源资源大范围优化配置，促进区域协同发展。

2.3　发展重点

　　持续深化电能替代，提升能源利用效率。电能是清洁高效、使用便捷、应用广泛的二次能源，是现代社会不可或缺的生产和生活资料。深化欧洲电能在消费侧的广泛替代，提高电能在终端能源消费中的比重。同时，提高能源利用效率，如推进节能技术创新、产业结构优化、循环经济利用模式推广等方面，进一步提高欧洲生产、生活中的电气化水平，打造欧洲清洁低碳、安全高效的能源体系。

　　加快各类清洁能源开发利用，实现能源供应清洁化、多元化。坚持以清洁低碳高效发展为构建欧洲能源互联网的根本方向，加快推进"清洁替代"，充分发挥欧洲清洁能源资源优势，统筹开发大型清洁能源基地。重点开发北欧斯堪的纳维亚半岛，土耳其底格里斯河—幼发拉底河上游流域，以及俄罗斯伏尔加河流域、叶尼塞河流域水电；北海地区的英国、比利时、荷兰、德国、丹麦的海上风电基地；南部意大利、西班牙、葡萄牙等国的太阳能，加速形成清洁能源多元发展格局，实现能源电力清洁、可靠供应。

　　加强能源互联互通，推动合作共赢发展。能源是欧洲经济可持续发展的基础，能源互联互通与经济一体化是长时间内相互促进的过程，通过协同发展、共享合作成果将各国更为紧密地连接在一起。欧洲与非洲、西亚在地理位置上相邻，有能源合作基础，而且在能源资源储量、生产总量和消费总量方面互补程度高，通过大规模开发、合理使用和优化配置清洁能源，将为亚欧非协同发展提供新动力。

　　建设清洁低碳高效、跨洲多能互补、区域共建共享的欧洲能源互联网，将深化区域一体化发展，引领全球能源清洁转型，促进应对气候变化，以能源清洁发展实现经济、社会、环境可持续发展。

3

能源电力发展趋势

　　围绕促进欧洲经济、社会和环境的全面协调可持续发展，实现《巴黎协定》2摄氏度温控目标，综合考虑资源、人口、经济、产业、技术、气候和环境等因素，基于全球能源互联网能源与电力需求预测、电力装机规划等模型（见附录1），对欧洲能源电力发展趋势进行研判。欧洲能源供应侧向清洁主导方向发展，能源消费侧向电为中心方向发展，能源需求总量不断下降。终端用能部门电气化加速发展，电能需求保持增长。随着风电和太阳能发电成本的快速下降，清洁能源装机容量不断增长。清洁能源开发以集中式与分布式并举，清洁能源供给以洲内开发与洲外受入并举。同时，欧洲电力市场与碳市场融合发展，为各国优化资源配置、推动能源转型与低碳发展起到良好示范作用。

3.1　能源需求

3.1.1　总体发展研判

　　能效提升、技术进步等因素促使欧洲能源需求继续下降。欧洲经济水平高，人均GDP约2.6万美元，位居世界前列。由于社会老龄化逐渐加剧，劳动力缺乏，预计欧洲未来经济将呈现低速发展态势。综合考虑人口、市场、资源等因素，2020—2050年GDP年均增长1.5%。欧洲主要国家均已进入工业化后期阶段，未来高耗能产业将加速转移，产业结构将继续向高附加值、低能耗方向发展，经济发展质量进一步提升。欧洲国家普遍重视能效对于减少能源消费的作用，未来将继续采取多种措施促进能效提升，降低能源成本和能源对外依赖。主要措施包括对老式建筑进行节能改造，推动电动汽车发展，普及先进工业技术、实现流程智能化管理，建立强制性能效标识制度，培养公众节能意识等。综合考虑经济增长放缓、能效提升等因素，预计未来欧洲能源需求将逐步下降。

　　一次能源向清洁低碳化方向发展。欧洲清洁能源发展基础良好，技术水平领先世界。未来，欧洲国家将延续并进一步加强退煤和禁售燃油车的政策，快速降低对煤炭和石油的依赖，并逐步降低天然气份额。随着清洁能源发电技术进一步成熟，竞争力将超过化石能源发电，为欧洲清洁发展奠定基础。欧洲各类清洁能源将以集中式、分布式相结合的形式协同开发、优化利用，主要以集中式形式开发北海、波罗的海等区域海上风电，北欧、俄罗斯和土耳其等区域和国家水电，西班牙、葡萄牙等国家太阳能发电，因地制宜发展分布式发电，提升能源供应多样性，引领全球清洁能源发展。

　　终端用能向以电为中心转变。欧盟主要国家终端电气化水平较高，东欧、俄罗斯及周边国家电能替代潜力大。随着电能替代技术不断成熟、经济性不断改善，以及各行业用能习惯不断改变，欧洲终端用能部门电能替代将加速推进，电能占终端能源比重快速提升。

3.1.2 能源需求展望

一次能源需求逐步下降。按发电煤耗法计算，2035年、2050年欧洲一次能源需求总量分别达到36亿、33.2亿吨标准煤，2016—2050年年均下降约0.6%，其中，2016—2035年年均下降约0.7%，2036—2050年年均下降约0.5%。**人均一次能源需求有所下降。**2016—2050年，欧洲人均能源需求从5吨标准煤下降至4.1吨标准煤，降幅18%，其中北欧、西欧下降幅度较大，分别为28%、25%。欧洲各区域一次能源需求预测如图3-1所示，各区域预测情况详见附表2-2。

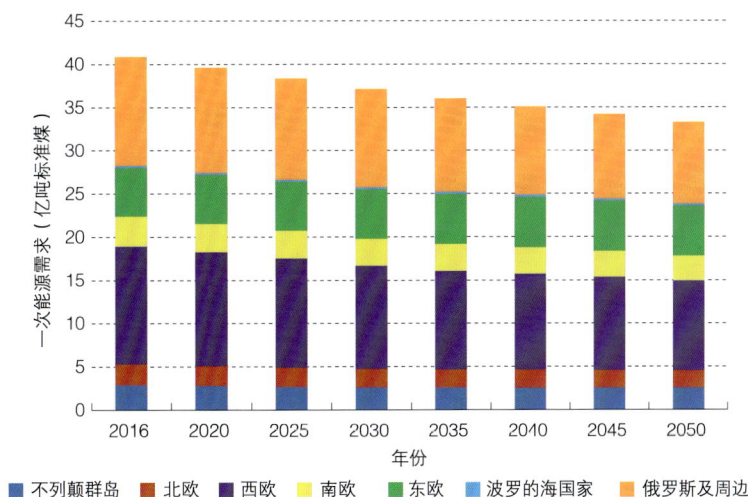

图 3-1　欧洲各区域一次能源需求预测

西欧、俄罗斯及周边能源需求下降显著，东欧能源需求保持增长。2016—2050年，西欧、俄罗斯及周边一次能源需求下降较快，分别由13.7亿、12.6亿吨标准煤降至10.4亿、9.5亿吨标准煤，年均下降均为0.8%。东欧一次能源需求小幅增长4%，由5.6亿吨标准煤增长至5.8亿吨标准煤，年均增速0.1%。不列颠群岛、北欧和南欧一次能源需求持续下降，降幅分别为13%、17%和18%，年均分别下降0.4%、0.5%和0.6%。波罗的海国家一次能源需求稳定在0.2亿吨标准煤左右。欧洲各区域一次能源需求年均增长率预测见图3-2。

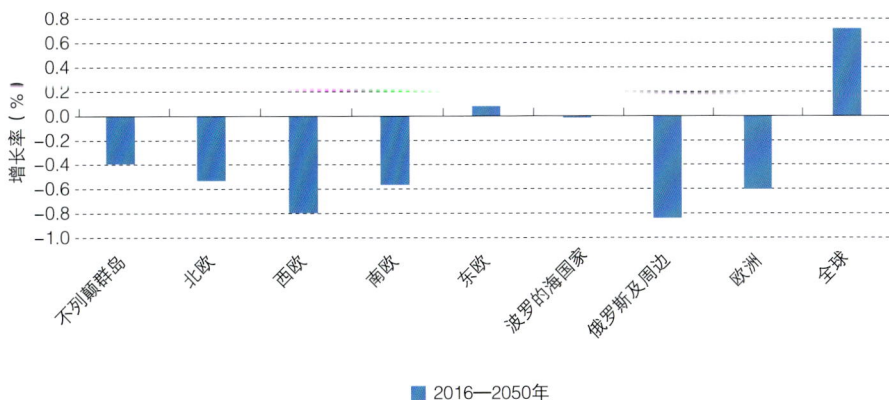

图 3-2　欧洲各区域一次能源需求年均增长率预测

能源强度下降 57%，保持全球领先。随着欧洲经济结构和能源结构协同优化，欧洲能源利用效率持续提升。2016—2050 年，欧洲单位 GDP 能耗从 1.82 吨标准煤 / 万美元下降到 0.78 吨标准煤 / 万美元，降幅 57%。2050 年各区域单位 GDP 能耗相比 2016 年分别下降 46% 至 70%，俄罗斯及周边能源强度下降至 2.9 吨标准煤 / 万美元，仍高于目前世界平均水平，欧洲其他区域能源强度均下降至低于 1 吨标准煤 / 万美元，其中不列颠群岛、西欧较低，约为 0.4、0.6 吨标准煤 / 万美元。欧洲各区域单位 GDP 能耗预测如图 3-3 所示。

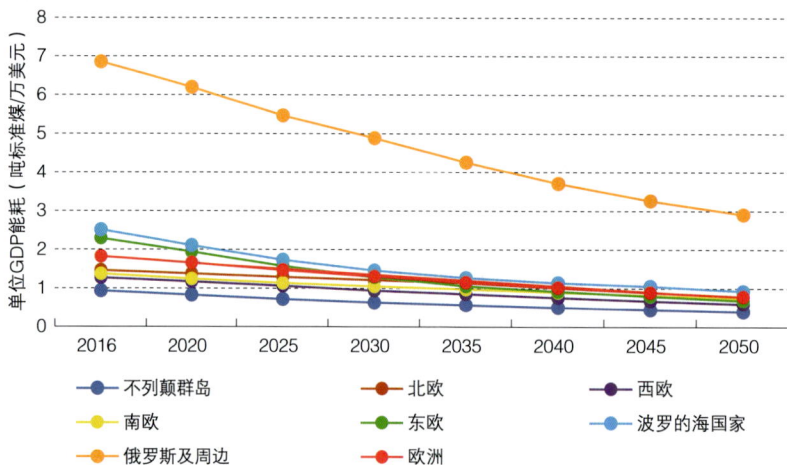

图 3-3　欧洲各区域单位 GDP 能耗预测

化石能源占一次能源比重持续下降，清洁能源 2025 年左右成为欧洲主导能源。2016—2050 年，欧洲化石能源需求持续下降，由 29.5 亿吨标准煤下降至 9.3 亿吨标准煤，煤炭、石油、天然气分别下降 88%、72%、55%。2016—2050 年，欧洲清洁能源需求增长 2.1 倍，达到约 24 亿吨标准煤，年均增长 2.2%。清洁能源占一次能源比重从 30% 增至 78%❶，其中北欧占比最高，接近 90%，俄罗斯及周边占比最低约 65%。2016—2050 年欧洲一次能源分品种需求预测如图 3-4 所示，各区域清洁能源占一次能源比重预测如图 3-5 所示。

欧洲终端能源需求 2025 年前达峰。2016—2050 年，随着终端用能效率提高，欧洲终端能源需求由 26.3 亿吨标准煤下降至 19.4 亿吨标准煤，年均下降 0.9%，其中，2016—2035 年年均下降 0.6%，2036—2050 年年均下降 1.3%。2016—2050 年，各终端用能部门能源需求均出现下降，受人口负增长、节能技术发展等因素影响，欧洲建筑部门用能减量较大，占总减量的 38%，由 10.3 亿吨标准煤下降到 7.7 亿吨标准煤，但占终端总用能比重提升 1 个百分点至 40%。交通部门用能由 6.7 亿吨标准煤下降至 4.2 亿吨标准煤，年均下降 1.4%，占终端总用能比重显著下降 5 个百分点至 21%。工业部门、非能利用部门用能年均分别下降 0.8%、0.3%，占终端总用能比重分别提升 1 个、2 个百分点，达到 26%、13%。欧洲各终端部门能源需求预测如图 3-6 所示。

❶　清洁能源占一次能源比重计算时，不计入化石能源非能利用，下同。

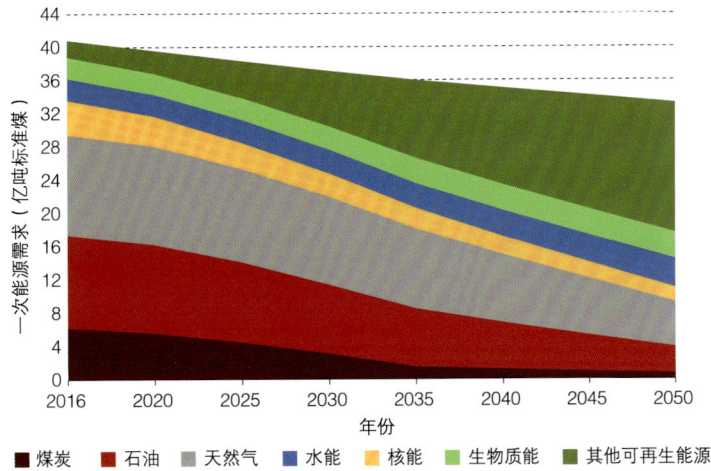

图 3-4　2016—2050 年欧洲一次能源分品种需求预测

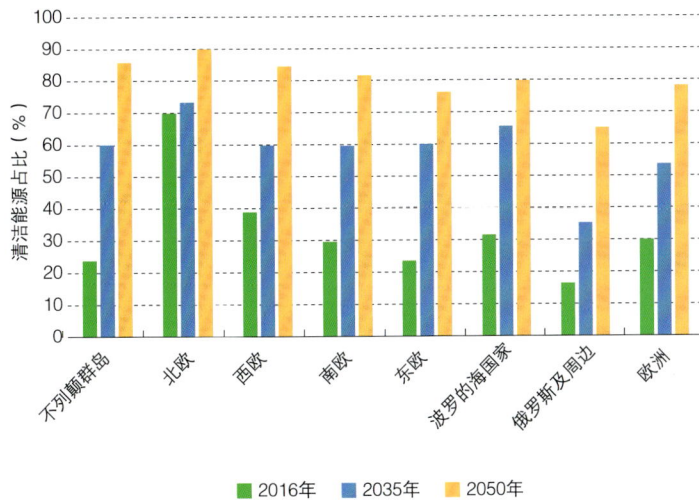

图 3-5　欧洲各区域清洁能源占一次能源比重预测

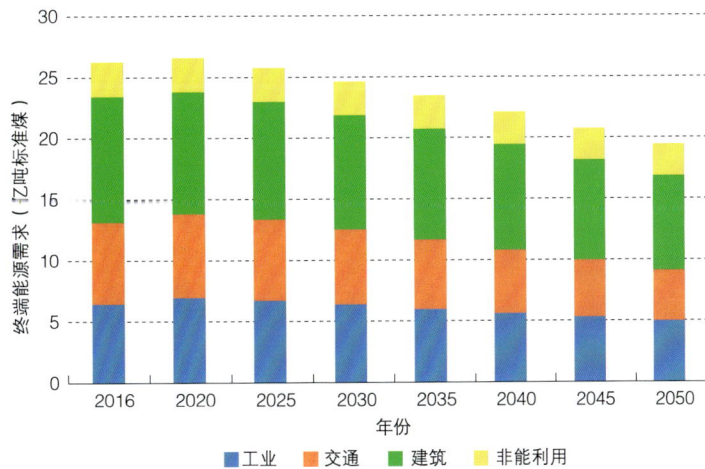

图 3-6　欧洲各终端部门能源需求预测

终端能源电能比重持续提升，电能 2030 年左右成为占比最高的终端能源品种。2016—2050 年，发电能源占一次能源比重从 39% 提高到 69%，电能占终端能源比重从 24% 提高到 59%❶，终端煤炭、石油和天然气需求分别下降 73%、70%、41%。北欧和不列颠群岛电气化水平最高，2050 年分别达到 74% 和 72%。欧洲终端能源分品种需求和电能占比预测如图 3-7 所示。

交通部门电能占比提升 43 个百分点，建筑部门电能占比最高。2016—2050 年，建筑部门电气化提升潜力主要来源于商业用电和数据中心用电的大幅提升，电能占比由 28% 提高到 69%，超过工业部门成为电气化水平最高的终端用能部门。交通部门中，随着电动汽车、铁路电气化和氢能交通的大范围普及，行业电气化水平持续上升，电能占比从 3% 大幅提升至 46%。随着欧洲工业向高效率低能耗方向升级发展，用电生产线和电炉将作为制造业主力设备，工业部门电能占比从 31% 提升至 54%。欧洲 2016 年、2035 年和 2050 年终端各部门电能占比情况如图 3-8 所示。

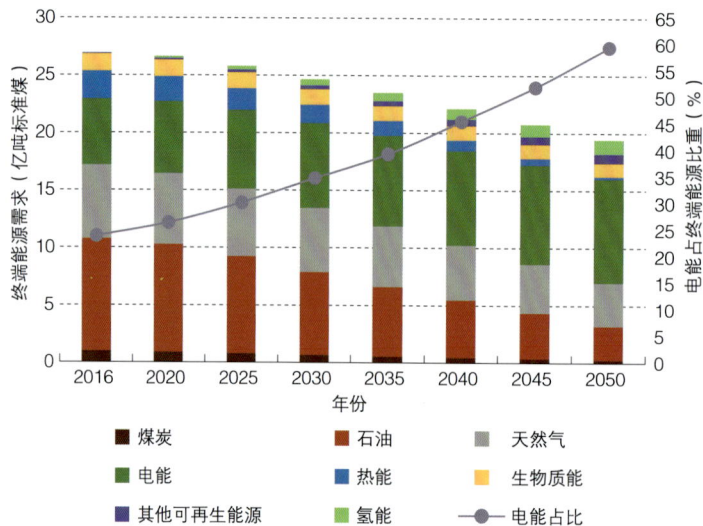

图 3-7 欧洲终端能源分品种需求和电能占比预测

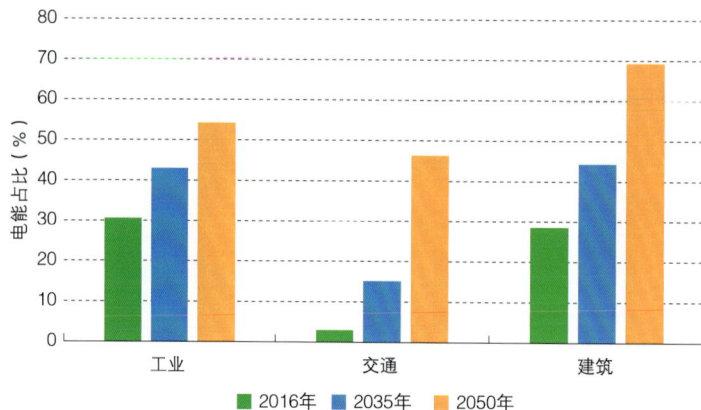

图 3-8 欧洲终端各部门电能占比

❶ 电能占终端能源比重计算时，不计入化石能源非能利用，下同。

3.2　电力需求

3.2.1　总体发展研判

考虑经济社会稳步发展，交通、工业等领域电气化加速发展，电动汽车、热泵、电制氢等新型用电和电能转换技术进步显著并快速普及，未来欧洲电力需求将稳步增长。

供热/制冷、交通领域电能替代是驱动欧洲电力需求增长的主要动力。基于用热/用冷需求的增长，同时考虑热泵等供热/制冷技术广泛应用带来的能效提高，预计 2035 年、2050 年供热/制冷领域新增用电需求分别为 1.3 万亿千瓦时和 1.7 万亿千瓦时，其中居民、服务业新增供热/制冷需求的电能占比分别达到 40%～50%、60%～70%，工业新增供热/制冷需求电能占比分别为 20%～25%、30%～35%。交通领域，考虑乘用车、中小型货车直接采用电动汽车实现电能替代，大型货车主要采用氢能汽车实现间接电能替代。预计交通领域 2035 年、2050 年新增电力需求分别约 3800 亿千瓦时和 8500 亿千瓦时。2050 年电动乘用汽车达到 3.3 亿辆，占汽车保有量比例达到 90%。中小型电动货运汽车电能替代比例达到 60%～75%。大型货运汽车电能替代比例达到其用能总量的 15%。欧洲供热及制冷领域、交通领域电能替代构成分别如图 3-9 和图 3-10 所示。

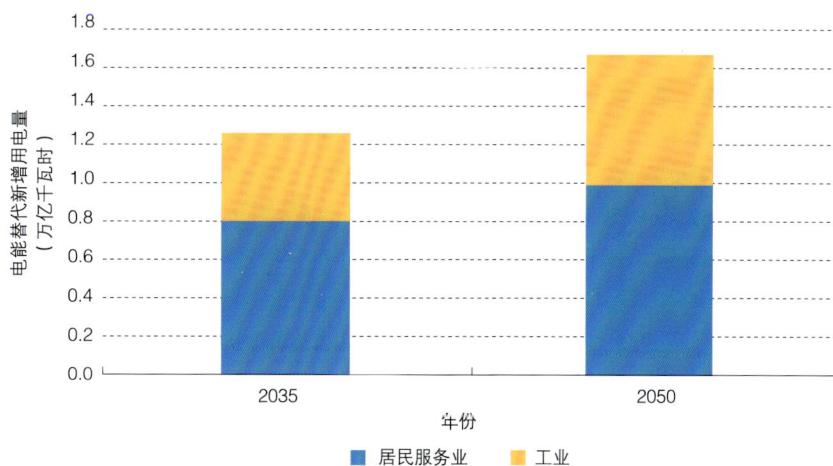

图 3-9　欧洲供热及制冷领域电能替代新增用电量

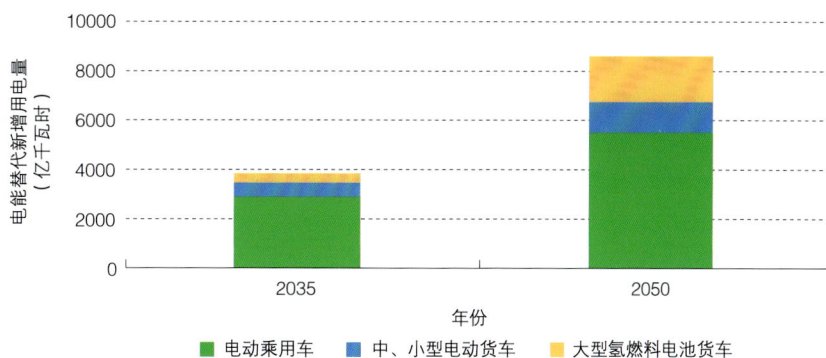

图 3-10　欧洲交通领域电能替代新增用电量

大型数据中心成为新兴用电需求增长点。数字经济的发展将带动工业、服务业的数字化转型，数据量及服务器数量将快速增长。随着云技术、高速通信技术的进步和广泛应用，未来数据中心将向更加集中、更大规模发展，形成新兴用电增长点。北欧挪威、瑞典、芬兰、丹麦等国家在气候条件、清洁能源及网络基础设施条件等方面优势突出，正在逐步成为大型数据中心重要布局市场。未来数据中心主要布局北欧、不列颠群岛等区域。预计每年新增或升级大型数据中心10～20个，新增用电量约250亿千瓦时。2035年，新增大型数据中心电力需求4000亿千瓦时，2050年新增大型数据中心电力需求达到6200亿千瓦时，约占欧洲用电量8%。欧洲数据中心现状及2050年布局如图3-11所示。

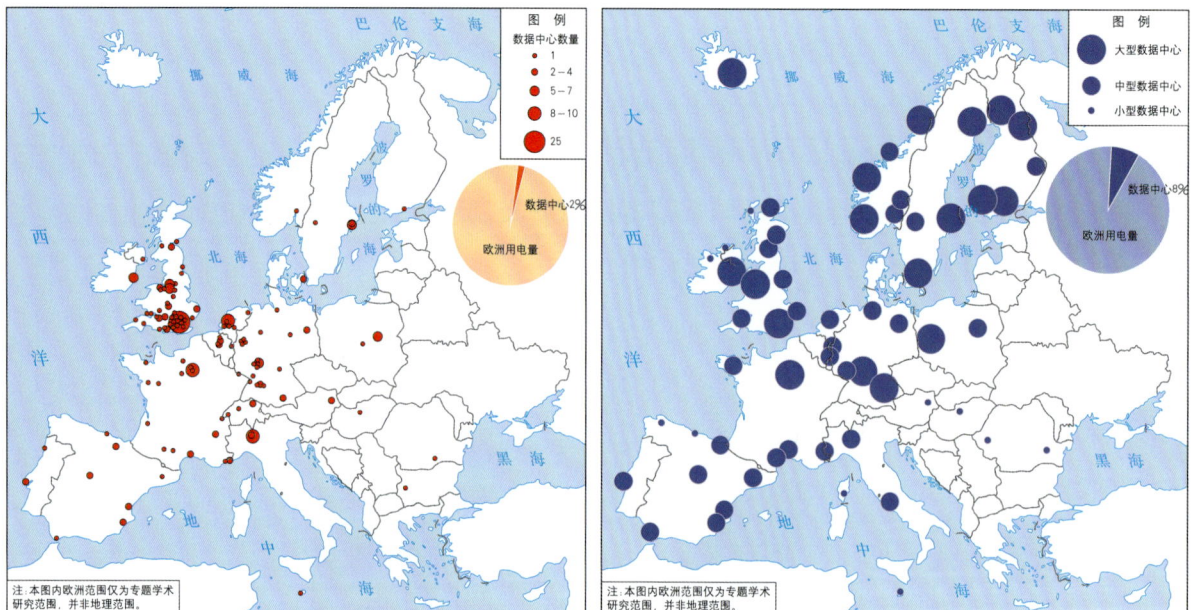

图3-11 欧洲数据中心现状及2050年布局示意图

3.2.2 电力需求展望

欧洲电力需求总量将保持平稳增长，2050年电力需求和最大负荷分别是2017年的1.7倍和1.8倍。欧洲电力需求总量从2017年的4.8万亿千瓦时增加到2035年的6.7万亿千瓦时和2050年的8.1万亿千瓦时，2017—2035年、2036—2050年年均增速分别约为1.8%和1.1%；最大负荷从2017年的8亿千瓦增加到2035年的11.6亿千瓦和2050年的14.2亿千瓦，如图3-12所示。2017—2035年、2036—2050年年均增速分别约为2.1%和1.2%。欧洲2017—2050年电力需求预测见表3-1，各国电力需求预测情况详见附表2-3。

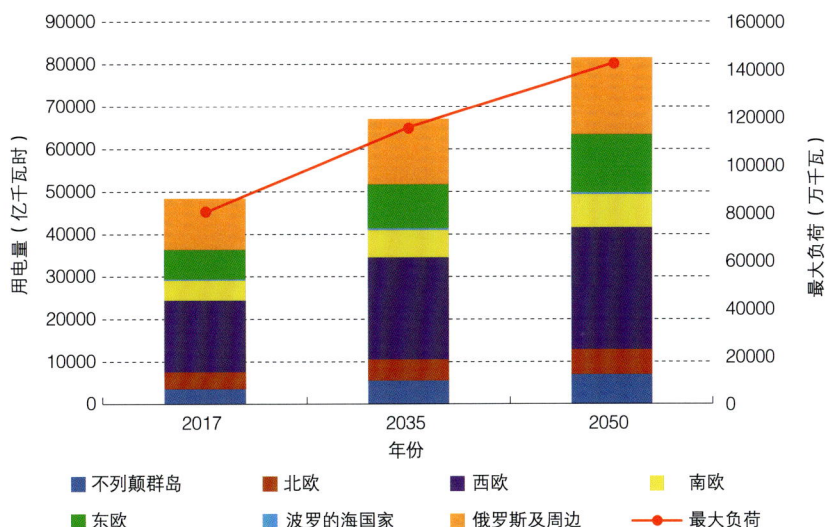

图 3-12　欧洲电力需求预测

表 3-1　2017—2050 年欧洲各区域电力需求预测

区域	用电量（万亿千瓦时）			用电量增速（%）		最大负荷（亿千瓦）			负荷增速（%）	
	2017	2035	2050	2017—2035	2036—2050	2017	2035	2050	2017—2035	2036—2050
不列颠群岛	0.35	0.55	0.70	2.5	1.3	0.69	1.09	1.36	2.6	1.2
北欧	0.41	0.50	0.58	1.1	0.8	0.72	0.89	1.02	1.2	0.8
西欧	1.68	2.40	2.88	2.0	1.0	2.78	4.05	4.91	2.1	1.1
南欧	0.47	0.65	0.77	1.8	0.9	0.84	1.14	1.33	1.6	0.9
东欧	0.69	1.03	1.36	2.3	1.6	1.11	1.70	2.27	2.4	1.6
波罗的海国家	0.03	0.04	0.05	1.6	1.2	0.05	0.07	0.09	1.9	1.4
俄罗斯及周边	1.21	1.54	1.81	1.3	0.9	1.83	2.64	3.26	2.1	1.2
欧洲	4.84	6.71	8.15	1.8	1.1	8.02	11.58	14.24	2.1	1.2

　　人均用电量水平持续提升，北欧和西欧水平最高。2035 年、2050 年欧洲年人均用电量分别为 8134 千瓦时和 10033 千瓦时，相当于目前世界年人均用电量水平的三倍以上。北欧年人均用电量持续保持最高水平，2035 年、2050 年分别为 1.7 万、1.9 万千瓦时。2050 年，西欧年人均用电量达到 1 万千瓦时以上，不列颠群岛、波罗的海国家、俄罗斯及周边、南欧和东欧年人均用电量在 7700 ~ 9990 千瓦时。欧洲各区域年人均用电量如图 3-13 所示。

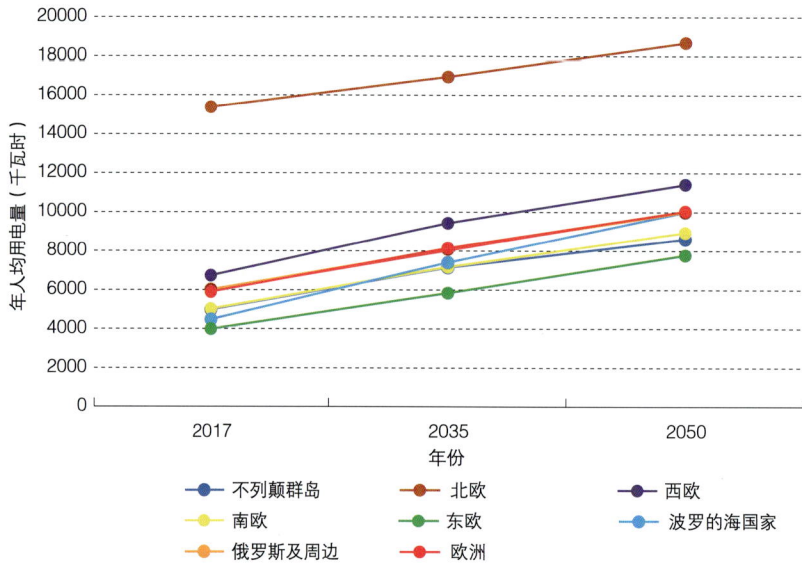

图 3-13　欧洲各区域年人均用电量预测

西欧、俄罗斯及周边用电量占比较高，东欧、不列颠群岛电力需求增速较快。2050 年西欧、俄罗斯及周边用电量分别达到 2.9 万亿千瓦时和 1.8 万亿千瓦时；东欧用电量 1.4 万亿千瓦时，不列颠群岛、南欧和北欧分别为 6983 亿、7693 亿、5789 亿千瓦时，波罗的海国家仅 506 亿千瓦时。东欧、不列颠群岛 2017—2050 年用电量增长率 2.1%，其他区域基本在 1.1% ~ 1.6%。欧洲各区域用电量占比如图 3-14 所示。

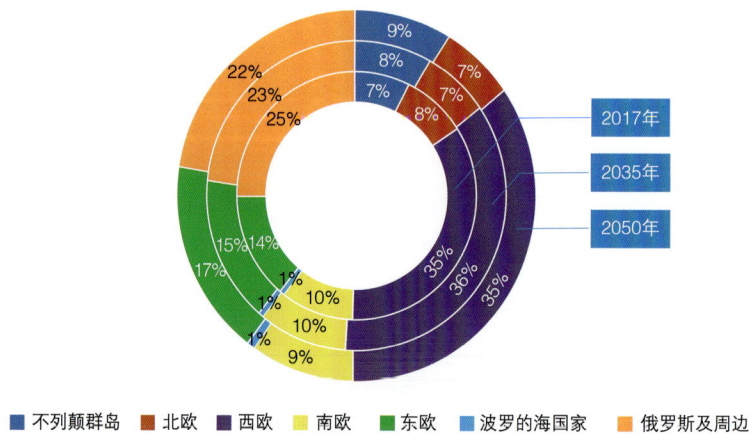

图 3-14　欧洲各区域用电量占比

俄罗斯、德国、法国、土耳其等国家用电量规模较大。2050 年欧洲用电量超 5000 亿千瓦时以上的国家共有 7 个。德国 8521 亿千瓦时、法国 8059 亿千瓦时、西班牙 5759 亿千瓦时；土耳其 7150 亿千瓦时；英国 6418 亿千瓦时；意大利 5335 亿千瓦时和俄罗斯 1.5 万亿千瓦时。

3.3　电力供应

3.3.1　总体发展研判

统筹资源禀赋、能源电力需求、能源开发成本、土地价值、环境承载能力和电力系统运行要求等因素，以实现欧洲能源清洁转型和可持续发展为目标，逐步减煤减油；加快去核化进程；大力开发海上风电、陆地风电和太阳能，充分利用地热、生物质能源；清洁能源开发集中式与分布式并举；清洁能源供给洲内开发与洲外受入并举。

风电和太阳能发电成本快速下降，为清洁能源发展创造了条件。随着清洁能源发电技术快速发展，预计 2025 年前全球光伏和陆上风电竞争力将全面超越化石能源。欧洲风电资源丰富，商业化开发水平全球领先。2023 年欧洲第一个零补贴海上风电场将在荷兰投运。随着行业集中度提高、协同效应显现、政策机制完善，欧洲风电竞争力优势将更为突显。全球和欧洲清洁能源度电成本变化趋势如图 3-15 所示。

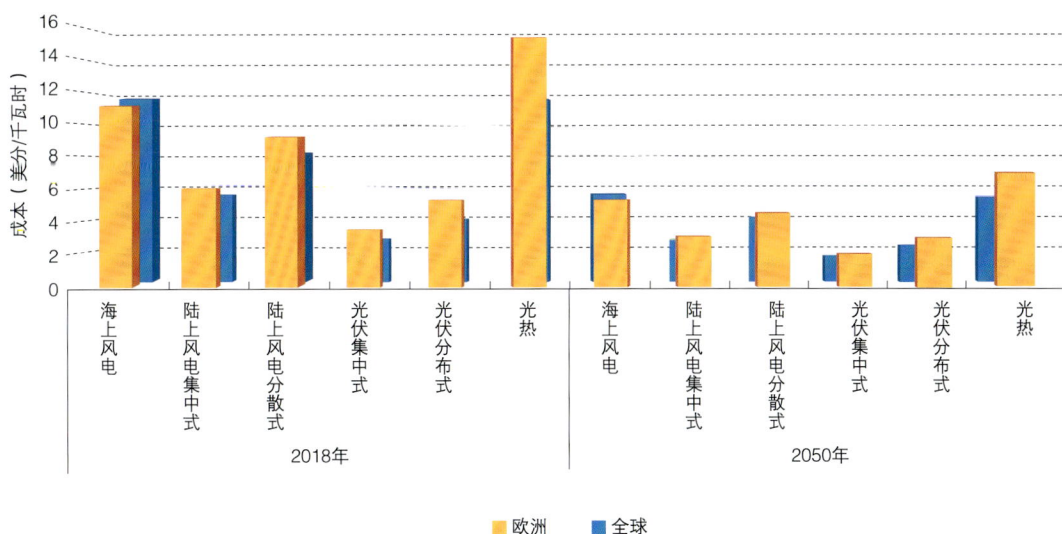

图 3-15　全球和欧洲清洁能源度电成本变化趋势

应对气候变化的迫切需要，是欧洲大力发展清洁能源的驱动力。为实现应对气候变化目标，欧洲主要国家均制定了一系列可再生能源发展政策，明确可再生能源发展路径和目标。未来欧洲化石能源发电将逐步由电量型向电力型转变，煤电和油电装机逐步全部退役，清洁能源成为欧洲电力供应的主力来源。

洲内开发与洲外受入并举。欧洲洲内大力开发北部海上风电，欧洲周边的北非、西亚和中亚太阳能资源丰富，开发条件优越、成本优势显著。北非、西亚太阳能与欧洲北部风电季节性互补作用明显，中亚与欧洲利用时区差，错峰互济效益明显。通过电网互联互通可发挥清洁能源互补互济优势，降低清洁能源供应成本，节约土地资源，减少季节性装机容量，实现清洁能源供给渠道的多样化。

专栏　　欧洲风能、太阳能季节差、时区差互补特性

欧洲北部风能与环地中海地区太阳能跨季节互补。欧洲北部风能受季节变化影响较大，呈现冬大夏小出力特性。环地中海地区的欧洲南部、北非、西亚各国太阳能资源丰富，呈现夏大冬小出力特性，与欧洲北部风能跨季节互补作用明显。

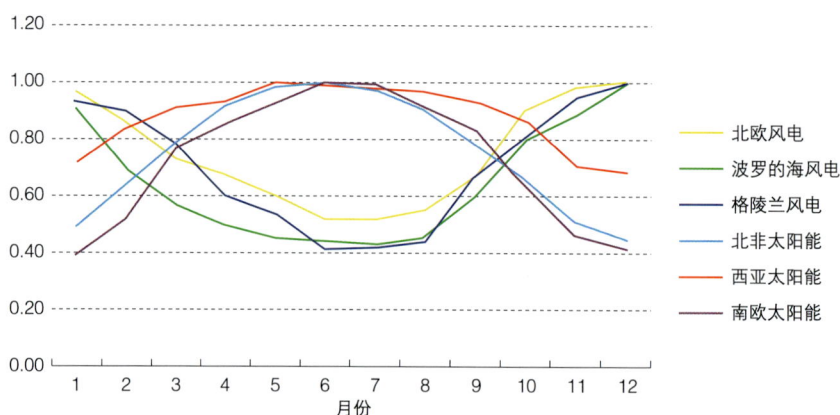

图1　欧洲北部风能与环地中海地区太阳能互济特性示意

欧洲太阳能与中亚太阳能跨时区互补。西欧与中亚存在3～6个小时的时区差，由于太阳能日内辐照强度峰值一般出现于中午，通过西欧、中亚电力互联，可以利用时区差实现太阳能跨时区互补。

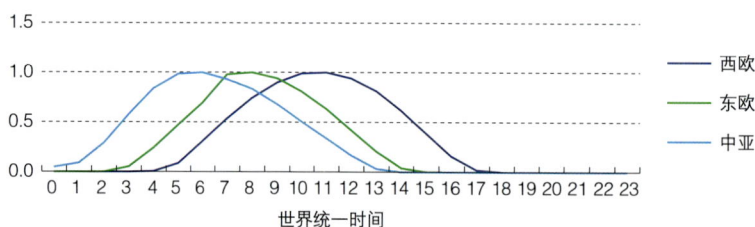

图2　欧洲与中亚太阳能跨时区互补特性示意

3.3.2　电力供应展望

欧洲清洁能源装机占比不断提高，装机结构持续去核和低碳化。2035年，欧洲总装机容量约28.8亿千瓦，是2017年的2倍。清洁能源装机占比从2017年的54.5%提高到84%。

风电、太阳能装机占比分别由 2017 年的 12% 和 7.7% 增至 34.9% 和 23.4%；水电装机占比由 2017 年的 20% 降至 17.1%；火电装机占比明显降低，由 2017 年的 45.5% 降至 16%；核电装机占比降至 4.8%。人均装机容量达到 3.5 千瓦，是 2017 年的 2 倍。

2050 年，欧洲总装机容量约 38.2 亿千瓦，是 2017 年的 2.6 倍。清洁能源装机容量35.4 亿千瓦，占比继续提高，达到 92.7%。风电、太阳能装机容量分别为 16.7 亿千瓦和 10.1 亿千瓦，占比分别提高至 43.7% 和 26.4%；水电装机容量 6.3 亿千瓦，占比 16.5%；火电装机容量 2.8 亿千瓦，占比降至 7.3%；核电装机容量 1 亿千瓦，占比降至 2.7%。人均装机容量达到 4.7 千瓦，是 2017 年的 2.6 倍。欧洲电源装机容量展望如图 3-16 所示，欧洲电源装机结构如图 3-17 所示。

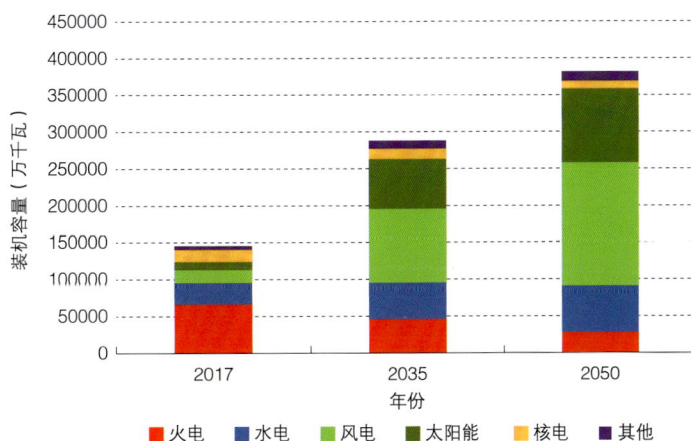

图 3-16　欧洲电源装机容量展望

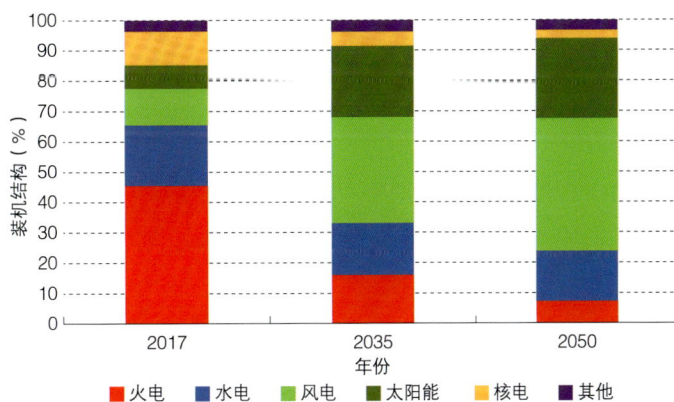

图 3-17　欧洲电源装机结构

西欧、俄罗斯及周边、东欧装机占比较大。2050 年，不列颠群岛、北欧、西欧、南欧、东欧、波罗的海国家和俄罗斯及周边装机占比分别为 8%、8%、33%、10%、16%、1% 和 25%。西欧、俄罗斯及周边是电源装机容量增长的主要区域，较 2017 年分别增长 6.9 亿千瓦和 6.3 亿千瓦，占欧洲新增装机总量的 56.1%。欧洲各区域电源装机占比如图 3-18 所示。欧洲各国电源装机结构现状与展望详见附表 2-4。

2035 年，欧洲清洁能源发电量 5.5 万亿千瓦时，占比由 2017 年的 52% 提高到 80%。风电、太阳能发电量占比分别由 2017 年的 8% 和 2% 增至 32% 和 14%。水电发电量占比由 2017 年的 15% 增至 16%。核电发电量占比由 2017 年的 23% 下降至 13%。火电发电量 1.3 万亿千瓦时，由 2017 年的 48% 降至 19%。

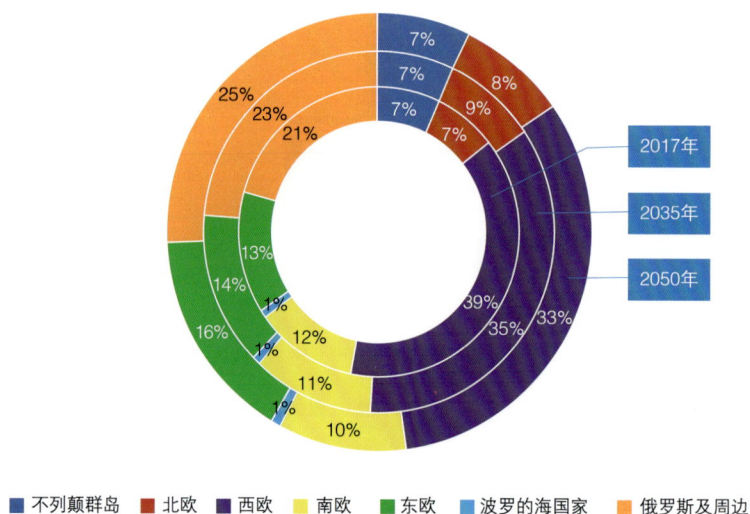

图 3-18　欧洲各区域电源装机占比

2050 年，清洁能源发电量约 7.4 万亿千瓦时，占比提高到 91%。风电、太阳能发电量分别为 3.8 万亿千瓦时和 1.3 万亿千瓦时，占比进一步提高至 46% 和 16%。水电发电量约 1.3 万亿千瓦时，占比降至 16%。核电发电量约 0.6 万亿千瓦时，占比下降至 7%。火电发电量约 0.7 万亿千瓦时，占比降至 9%。2050 年欧洲各区域发电量结构如图 3-19 所示。

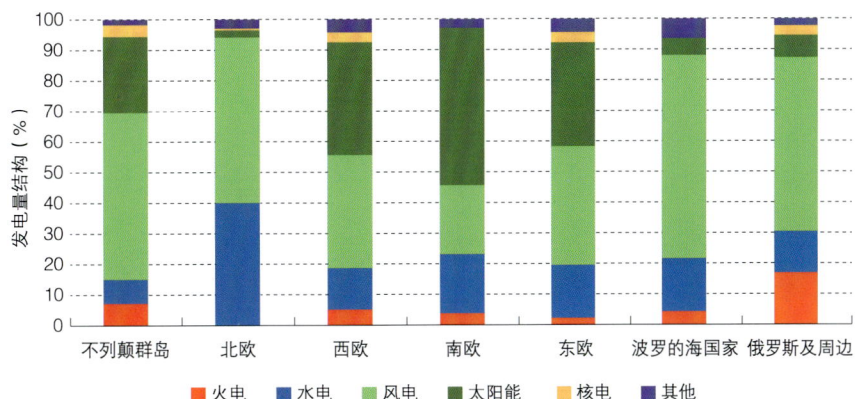

图 3-19　2050 年欧洲各区域发电量结构

3.4　电碳联合交易

3.4.1　总体发展研判

欧盟电力市场与碳市场需融合发展。电力市场的主要目标是推动清洁能源经济配置，碳市场的主要目标是实现碳减排。欧盟计划至 2030 年，温室气体排放降低 40%，至 2050 年降低 80% ～ 95%。其中，电力行业需实现 2030 年减排 54% ～ 68%，2050 年减排 93% ～ 99% 的目标。目前由于碳市场与电力市场分开单独运行，提高清洁能源发电与碳减排目标通过不同政策分别执行，导致两个市场功能重复、减排机制不健全、管理成本高等问题，清洁发展与碳减排目标难以同步达成。按照现有发展模式推算，电力行业 2030 年减排 45%，将产生碳减排缺口，欧盟电力行业脱碳目标、进程及预测如图 3-20 所示。

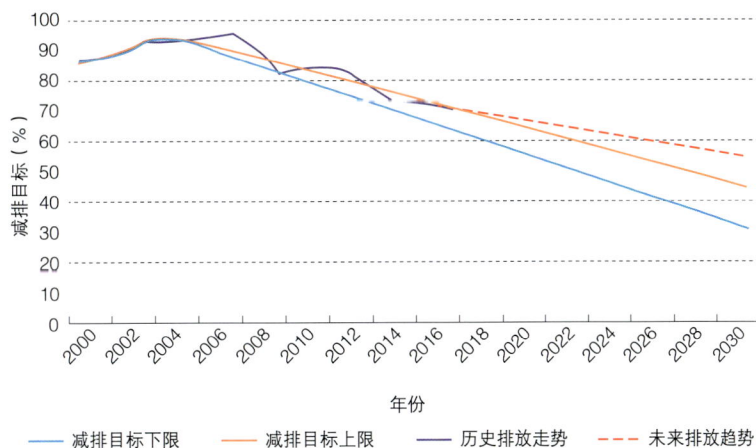

图 3-20　欧盟电力行业脱碳目标、进程及预测

　　实现欧盟区域应对气候变化与能源转型协同发展，需构建电－碳市场。电－碳市场通过顶层设计统筹规划碳减排与能源清洁转型目标，细化为可落实、可核算的清洁发展、电气化与电能替代任务。将电能和碳排放相结合形成电碳产品，根据清洁替代任务等因素，动态形成碳价格，与电能价格共同构成电碳价格，发电企业、用电企业交易电碳产品时，同时完成电能交易和碳排放交易，提升清洁能源的市场竞争力。推动跨区跨国电网互联互通，开展输电权交易，以跨洲跨国电碳贸易，促进优质、低价清洁能源大规模开发、大范围配置、高比例使用。电－碳市场能够将相对分散的气候与能源治理机制、参与主体进行整合，实现目标、路径、资源等高效协同，有效解决当前两个市场单独运行存在的问题，科学规划制定减排方案与路径，激发全行业主动减排动力，实现高效低成本减排。

　　电－碳市场总体发展方案。以实现清洁低碳可持续发展为核心目标；市场采用"国家市场－欧盟区域市场－跨区域市场"多层级架构，在各级市场采用相应的调度运行及交易模式，实现清洁电力与碳资源大范围优化配置；市场参与主体包括由决策机构、交易机构、运行协调机构、监管机构、金融管理机构组成的市场建设与管理主体，由能源生产企业、输配企业、销售企业、用能企业及金融投资机构等组成的市场交易主体。市场交易产品包括电碳、辅助服务等实物类产品，输电容量等权证类产品，金融衍生品，数据和咨询等服务类产品。通过开发多元化市场产品提高市场活力，扩大市场交易规模；通过采用电碳联合交易机制、输电容量交易机制、辅助服务交易机制、电碳金融交易机制等市场关键机制，提高市场运行效率，维护市场公平，促进各方互惠共赢。

3.4.2　电碳联合交易展望

　　2025 年场景：欧盟逐步**将绿证交易与碳排放权关联**，设计依托权证交易的欧盟电－碳市场。**总体思路是：**2025 年前，将清洁能源发电企业的绿证配额与火电企业的碳排放权挂钩，通过设计折算方法，把绿证额度折算为碳排放额度，绿证与碳排放权可以相互转换。设定清洁能源发电及碳减排到 2025 年的目标，将目标逐级分解至各个履约年份，并在履约周期末，对当年目标达成效果进行评估，并对下一个履约年份措施进行优化调整，实现电－碳市场清洁发展与电气化目标逐年动态更新。

　　2035 年场景：随着清洁发电占比的不断提高及电力行业碳排放的逐步降低，将**电能交易与碳排放权直接关联**，设计欧盟电－碳市场。**总体思路是：**2035 年前，碳排放权与火电企业发电成本直接挂钩，通过设计相应的折算方法，将碳排放成本计入火电上网电价，参与电力市场竞争。在履约周期末，分别对当年电力行业清洁发展及碳减排目标达成效果进行评估、优化及调整，对用能行业参与的碳市场进行履约核查，确定下一个履约年份电力行业与用能行业的相关目标调整，实现电－碳市场目标的动态更新，确保欧盟能源气候政策目标达成。电碳联合交易场景如图 3-21 所示。

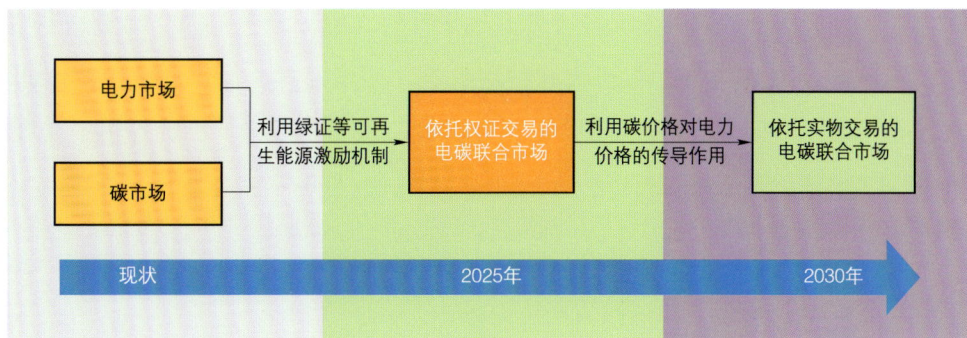

图 3-21 电碳联合交易中远期场景

2050 年场景： 随着各国电－碳联合市场的建设完善，全球逐步形成若干跨洲跨区域市场，欧盟电－碳市场加强与周边区域市场间电碳贸易往来，在更大范围内实现清洁电能资源的优化配置和更大力度的碳减排。

促进区域清洁发展，带动整体碳减排。 电碳联合交易确保电力行业碳减排目标与清洁能源发电目标被逐级分解至每个履约年份，通过发挥绿证及碳价格信号的作用，确保每年减排与清洁能源发电目标达成。与 1990 基年相比，欧盟国家电力行业碳排放占比从 2016 年的 69.3% 下降到 2035 年的 30.3%，2050 年进一步降低到 4%，如图 3-22 所示，达到电力行业脱碳目标，并进一步拉动工业行业的减排力度，使清洁能源转型效益和减排效益同时得以实现。

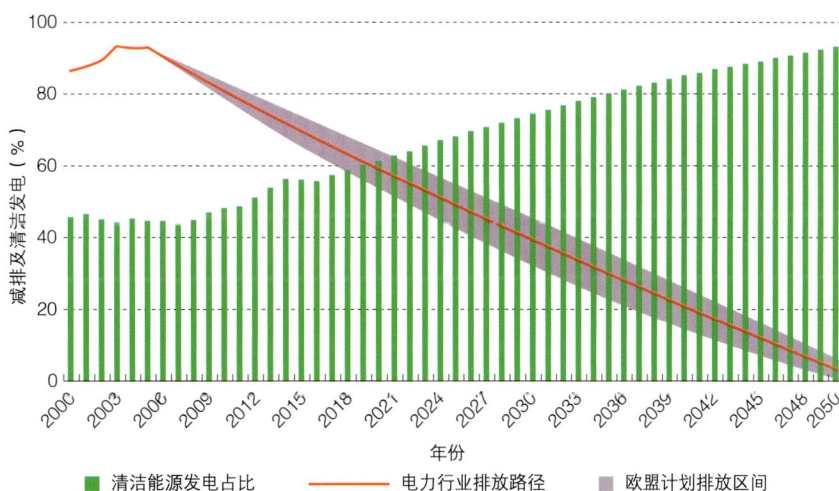

图 3-22 欧盟国家电力行业减排及清洁发电占比目标路径

促进绿色电力贸易规模，推动一体化发展。 以市场化手段推动各国清洁能源开发，扩大跨国绿色电力贸易规模，发挥国家间比较优势和规模效应。到 2050 年，欧洲各国除少量备用容量外，发电及用电负荷均参与欧洲统一电力市场进行交易，年交易电量将达到 7.9 万亿千瓦时。通过电碳联合交易促成绿色电力交易每年 7.3 万亿千瓦时，跨洲绿色电力交易量达到 0.6 万亿千瓦时。同时，电碳联合交易有利于增加政府财政收入，初步计算，每年通过拍卖出售碳排放权获得的收入总额可达到 340 亿～ 400 亿美元。财政收入的增加可进一步统筹用于发展清洁能源和减排技术，推动区域一体化建设。

4

清洁能源资源
开发布局

欧洲清洁能源资源丰富，水能、风能、太阳能理论蕴藏量分别占全球的 16%、11% 和 8%。北部海上风能资源优势显著，适合大规模集中开发。太阳能集中式开发区域主要在欧洲南部，其他区域以小规模集中开发和分布式开发为主。北欧斯堪的纳维亚山脉水系稠密，河流短小湍急，以中小型分布式水电开发为主，土耳其底格里斯河—幼发拉底河上游流域、俄罗斯伏尔加河、叶尼塞河等流域水电以集中开发为主。综合风、光、降水等气候数据及地理信息、地物覆盖等数据，提出了清洁能源资源评估模型（见附录 1）。在此基础上，参考借鉴相关国家和国际组织、机构等发布的研究成果，对欧洲清洁能源资源及大型基地布局进行研判。

4.1 清洁能源资源分布

4.1.1 水能

欧洲水电技术可开发量 3.1 万亿千瓦时 / 年❶，水电总体开发比例约 30%。欧洲水能资源主要分布在各主要山脉水系，土耳其底格里斯河—幼发拉底河上游流域，以及俄罗斯伏尔加河流域、叶尼塞河流域等。

北欧水能资源主要分布在斯堪的纳维亚山脉两侧，**欧洲大陆**水能源资源主要分布于阿尔卑斯山脉和比利牛斯山脉两侧。欧洲主要山脉水系示意图如图 4-1 所示。

斯堪的纳维亚山脉地处斯堪的纳维亚半岛的东南部，位于挪威、瑞典境内，山脉两侧河网稠密，河流短小湍急，水量丰沛，是欧洲水能资源最丰富的地区。西侧河流无结冰期，径流量大，季节变化小，河流短小，落差大，水能资源丰富。东侧河流有结冰期，径流量小，季节变化大，落差小。斯堪的纳维亚山脉两侧河流水电技术开发潜力约 4300 亿千瓦时 / 年，已开发比例约 57%。

阿尔卑斯山脉是欧洲最大的山脉，高山区年降水量超过 2500 毫米，多瑙河、莱茵河、波河、罗讷河等均发源于此，各河上游都具有典型山地河流特点，水流湍急，水能资源丰富。阿尔卑斯山脉水系水电技术开发潜力约 1860 亿千瓦时 / 年，已开发比例约 59%。

比利牛斯山脉西起大西洋比斯开湾畔，东止地中海岸，为法国和西班牙两国界山，年降水量丰沛，垂直于山脉轴线形成一系列南北向水流湍急的短河道，最大流量多出现在降雨和融雪较多的春季。比利牛斯山脉水系水电技术开发潜力约 700 亿千瓦时 / 年，已开发比例约 38%。

欧洲山脉水系水电开发以中小水电为主，其中斯堪的纳维亚山脉两侧水系装机容量在 10 万千瓦以下的中小水电站数量超过 1500 座，占该地区水电站数量的比例超过 90%。欧洲水电调节能力较强，尤其是北欧水电，被称为"欧洲调节池"，对于促进具有间歇性和波动性特点的风能和太阳能的利用发挥了重要作用。

---

❶ 数据来源：世界能源理事会，世界能源资源：2013 调研，2013。

图 4-1　欧洲主要山脉水系示意图

土耳其水能资源主要分布于东部地区的底格里斯河—幼发拉底河上游流域，水电技术可开发量 2160 亿千瓦时 / 年 ❶，已开发比例约 27%。土耳其底格里斯河—幼发拉底河流域分布如图 4-2 所示。

底格里斯河发源于土耳其境内东托罗斯山南麓，向东南流淌，是典型的山间河流，河谷狭窄、河槽深，水流落差大、流速快，适于修建水电工程。

幼发拉底河发源于亚美尼亚高原，其上游位于土耳其内，曲折迂回于土耳其南部的托罗斯山脉之间，河谷宽窄交替，深峡迭现，水面落差近 300 米，具有丰富的水能资源。

---

❶ 数据来源：世界能源理事会，世界能源资源：2013 调研，2013。

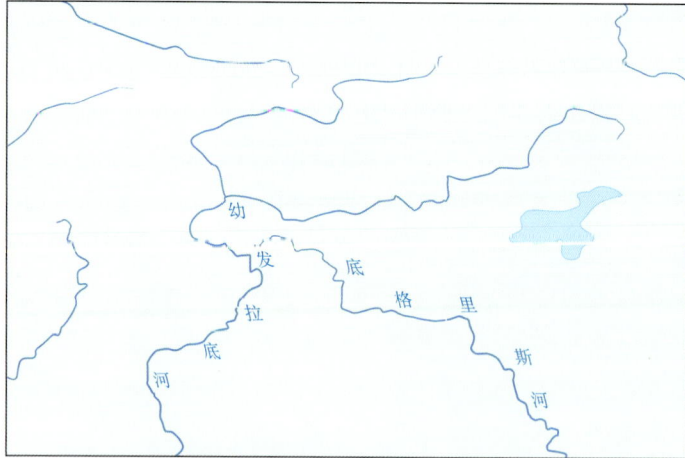

图 4-2　土耳其底格里斯河—幼发拉底河流域分布示意图

俄罗斯水能资源主要集中在伏尔加河、叶尼塞河、鄂毕河和勒拿河等流域,技术可开发量约 1.7 万亿千瓦时 / 年,已开发比例不足 20%。俄罗斯主要流域水系如图 4-3 所示。

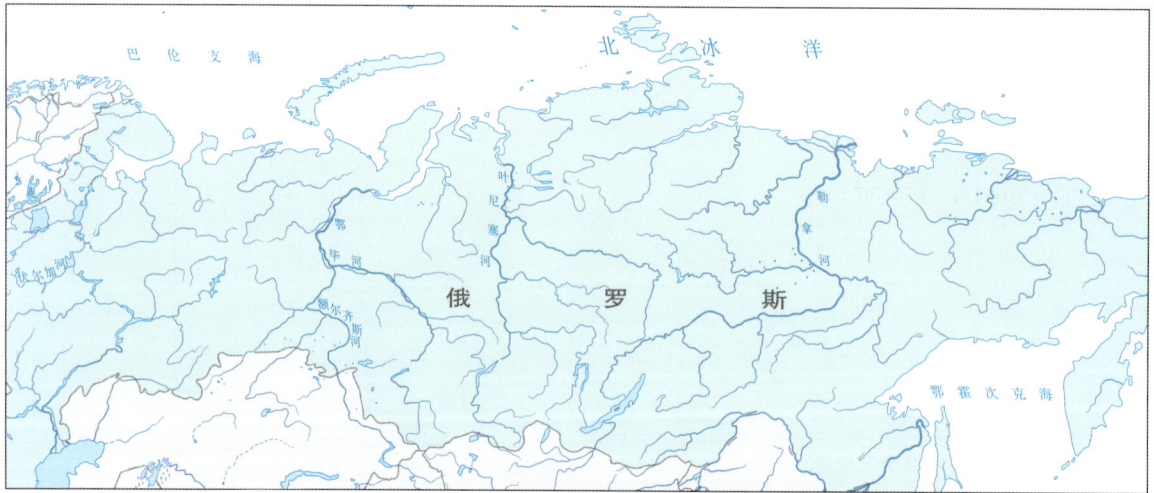

图 4-3　俄罗斯主要流域水系示意图

伏尔加河发源于东欧平原西部瓦尔代丘陵湖沼间,注入里海,全长 3690 千米,流域面积达 138 万平方千米。伏尔加河支流众多,有 200 余条主要支流,最大的支流有奥卡河和卡马河。伏尔加河水电技术可开发装机容量约 1200 万千瓦,已开发比例约 70%。

叶尼塞河是俄罗斯水量最大、水能资源最丰富的河流。可利用的水能资源主要集中在叶尼塞河干流及其主要支流安加拉河、中通古斯卡河、下通古斯卡河等,水电技术可开发装机容量约 6000 万千瓦,已开发比例约 45%。

鄂毕河位于西伯利亚西部,支流众多,水量丰富。以额尔齐斯河为源,曲折向北流,最终向东注入北冰洋,全长 5410 千米,流域面积达 297 万平方千米。鄂毕河水电技术可开发装机容量约 4000 万千瓦，已开发比例约 10%。

勒拿河发源于东南西伯利亚沿贝加尔湖西岸的大山之中，流往北冰洋，全长 4400 千米，流域面积为 249 万平方千米。勒拿河及其支流构成的水道网相当稠密，水量充沛，其水能资源较为丰富，技术可开发装机容量约 4000 万千瓦，已开发比例约 10%。鄂毕河、勒拿河可开发量大，但其处于西伯利亚和远东地区，距离负荷中心远、河流冰期长，目前开发比例较低。

4.1.2 风能

1 陆地风能

欧洲风能资源丰富，理论蕴藏量约 230 万亿千瓦时 / 年[1]，距地面 100 米高度全年平均风速范围为 2 ~ 14 米 / 秒[2]。全年平均风速呈现"冬大夏小"的特性，大于 7 米 / 秒的区域较多，主要分布于丹麦沿海海域及格陵兰岛，爱尔兰、英国、法国、德国和波兰沿海地区。丹麦格陵兰岛属于极地气候，终年冰雪覆盖，受北冰洋和北大西洋海风影响，风能资源好，风速高，部分地区年平均风速可达 14 米 / 秒。丹麦、爱尔兰、英国、法国、德国和波兰沿海地区受北大西洋海风影响，风能资源好，风速高，大部分沿海地区年平均风速高于 8 米 / 秒，部分地区超过 10 米 / 秒。欧洲年平均风速低于 5 米 / 秒的区域主要分布于意大利北部、希腊北部、保加利亚南部地区及罗马尼亚中部地区，这些区域同属大陆性气候，植被覆盖率高，风速较低。欧洲年平均风速分布如图 4-4 所示。

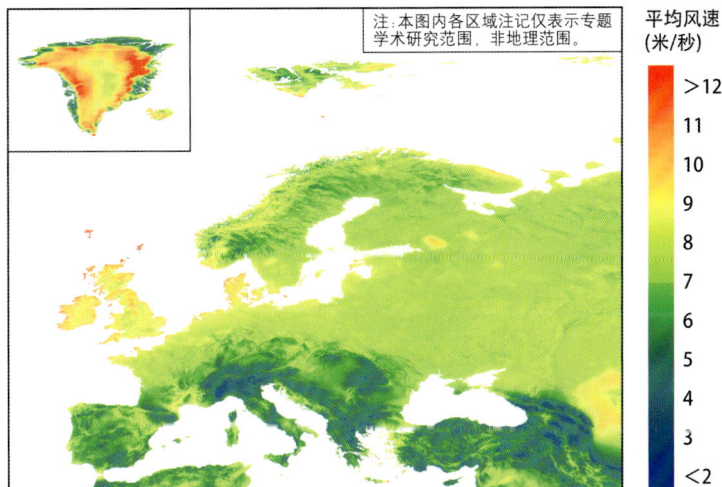

图 4-4 欧洲陆上年平均风速分布示意图

2 海上风能

欧洲海上风能资源十分丰富，主要分布于北海、波罗的海、挪威海和巴伦支海等海域。

---
[1] 数据来源：刘振亚，全球能源互联网，2015。
[2] 数据来源：VORTEX，风能资源信息数据库。

北海由大不列颠岛、设得兰群岛、斯堪的纳维亚半岛、日德兰半岛和西欧大陆围成，大部分为浅海大陆架，位居高纬度，常年盛行西风，风能资源极为丰富，风电技术可开发装机容量约 10 亿千瓦。

波罗的海地处斯堪的那维亚半岛与欧洲大陆之间，平均深度仅 55 米，位于温带海洋性气候向大陆性气候的过渡区，全年以西风为主，秋冬季常出现风暴，风电技术可开发装机容量 7 亿千瓦。

挪威海位于挪威西北方，介于北海与格陵兰海之间，北部位于北极圈内，全年平均风速大于 9 米 / 秒，风电技术可开发装机容量 24 亿千瓦。

巴伦支海位于挪威与俄罗斯北方，是北冰洋的陆缘海之一，由于海流关系，南部海面终年不结冰，东南多浅滩，但在大西洋暖气旋和北冰洋冷反气旋的共同影响下天气极不稳定，是世界上风暴最多的水域之一，风电技术可开发装机容量 24 亿千瓦。

欧洲海上年平均风速分布如图 4-5 所示。

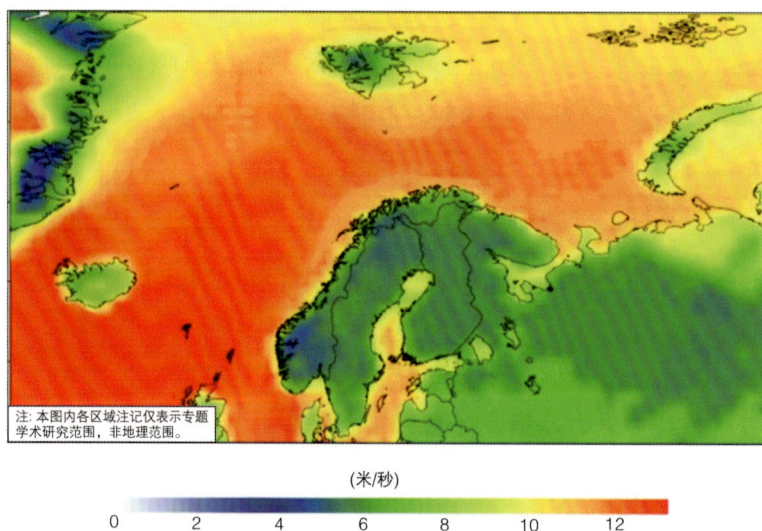

注：本图内各区域注记仅表示专题学术研究范围，非地理范围。

(米/秒)

0   2   4   6   8   10   12

图 4-5　欧洲海上年平均风速分布示意图

4.1.3　太阳能

欧洲太阳能资源较好，理论蕴藏量约 12400 万亿千瓦时 / 年 ❶，太阳能年总水平面辐射量（GHI）范围约 700 ~ 2100 千瓦时 / 平方米 ❷。太阳能年总水平面辐射量较高的区域主要包括葡萄牙、西班牙中部和南部、意大利南部、希腊及土耳其中部和南部地区，年总水平面辐射量大于 1500 千瓦时 / 平方米。葡萄牙北部属海洋性温带阔叶林气候，南部属亚热带地中海式气候；

---

❶ 数据来源：刘振亚，全球能源互联网，2015。
❷ 数据来源：SOLARGIS，太阳能资源信息数据库。

西班牙中部高原属大陆性气候，南部和东南部属亚热带地中海气候；意大利南部地区和希腊属热带地中海气候；以上区域植被覆盖多为草本植被及耕地，太阳能年总水平面辐射量较高。土耳其气候变化较大，中部高原地区和南部地区气温较高，植被覆盖率相对较低，太阳能年总水平面辐射量最高可达 1900 千瓦时 / 平方米。太阳能年总水平面辐射量较低的区域主要分布于英国、丹麦、瑞典和芬兰等国家和地区，年总水平面辐射量低于 1000 千瓦时 / 平方米，这些区域大部分地区属温带海洋性气候，植被覆盖率较高，降水量较为丰富。欧洲太阳能年总水平面辐射量分布如图 4-6 所示。

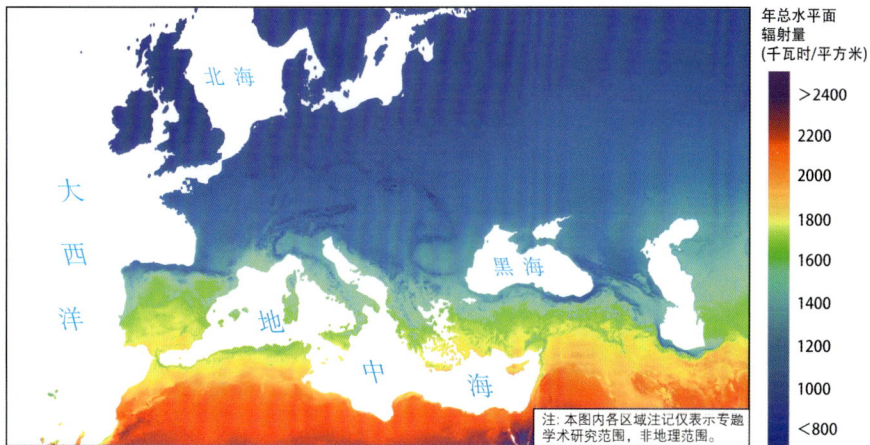

图 4-6　欧洲太阳能年总水平面辐射量分布示意图

欧洲太阳能年法向直射辐射量（DNI）范围约 400 ~ 2400 千瓦时 / 平方米❶。太阳能年法向直射辐射量较高的区域主要包括葡萄牙南部、西班牙南部及土耳其南部地区，太阳能年法向直射辐射量大于 2000 千瓦时 / 平方米，这些地区植被覆盖率相对较低，气候干旱，气温高。欧洲太阳能年总法向直射辐射量分布如图 4-7 所示。

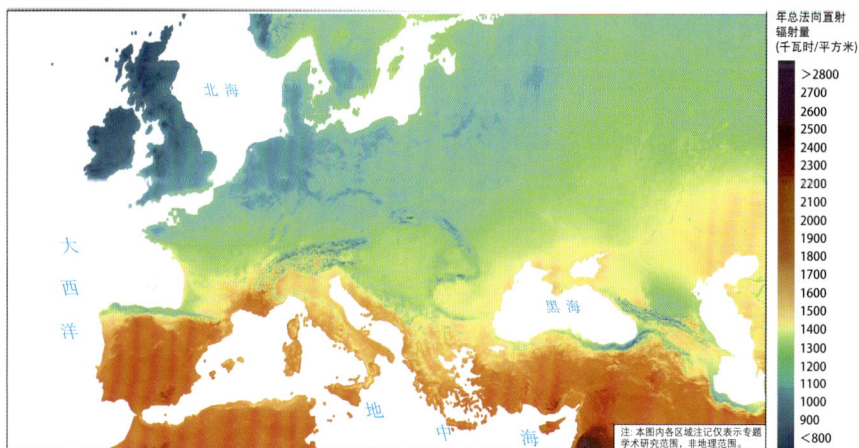

图 4-7　欧洲太阳能年总法向直射辐射量分布示意图

❶　数据来源：SOLARGIS，太阳能资源信息数据库。

4.2　清洁能源资源基地布局

4.2.1　水电基地

根据水能资源特性和开发条件，考虑在北欧、俄罗斯和土耳其等地区或流域建设大型水电基地。

北欧水电基地： 沿斯堪的纳维亚山脉两侧河流，进一步开发中小水电站，扩大挪威和瑞典水电群规模，提高北欧水电对北海风电、波罗的海风电的调节作用。2035 年、2050 年北欧水电基地装机容量分别达到 9200 万千瓦和 1 亿千瓦。

俄罗斯水电基地： 加快伏尔加河、叶尼塞河、鄂毕河和勒拿河流域梯级电站集中开发与高效送出，与周边风电场建设相配合，促进水风互补。2035 年、2050 年俄罗斯水电基地装机容量分别达到 5800 万千瓦和 1 亿千瓦。

土耳其水电基地： 大力开发土耳其东南部底格里斯河—幼发拉底河上游流域水电，与周边太阳能发电、风电协调互补，送至土耳其西部负荷中心消纳。土耳其已计划近期在此流域新建 106 座水电站，装机容量 1074 万千瓦。2035 年、2050 年土耳其水电基地装机容量分别达到 3000 万千瓦和 6000 万千瓦。

欧洲水电基地装机情况如表 4-1 所示。

表 4-1　欧洲水电基地装机情况

单位：万千瓦

基地名称	国家	已开发比例	2035 年装机容量	2050 年装机容量	所含河流
北欧水电基地	挪威	60%	5800	7050	斯堪的纳维亚山脉水系
	瑞典	50%	3450	3550	
俄罗斯水电基地	俄罗斯	< 20%	5800	10000	伏尔加河、叶尼塞河、鄂毕河和勒拿河等流域
土耳其水电基地	土耳其	< 15%	3000	6000	底格里斯河—幼发拉底河上游流域
	合计		18050	26600	

4.2.2　风电基地

欧洲风电起步早、发展速度快、技术先进。欧洲北部地区陆上风电开发以分布式为主，其中德国分布式风电装机占比超过 85%。南部地区陆上风电相对集中在风资源较好的山区，其中西班牙 70% 的陆上风电为集中式开发。海上风电开发则集中在北海及周边地区，以集中式开发为主，在运海上风电约 98% 集中在英国、德国、丹麦、荷兰、比利时等北海周边国家。

综合考虑资源特性和开发条件，未来欧洲风电以分布式和集中式开发并举，北海、挪威海、波罗的海、格陵兰沿海地区及巴伦支海沿岸地区适宜建设大型风电基地，进行集中式风电开发。

北海风电基地分布于英国东部、挪威西南部、丹麦西部、德国西北部、荷兰及比利时西部沿海区域，如图 4-8 所示。该基地技术可开发装机容量 3 亿千瓦，技术可开发量 1.26 万亿千瓦时／年，2035 年、2050 年基地装机容量分别约 7800 万千瓦和 1.33 亿千瓦。

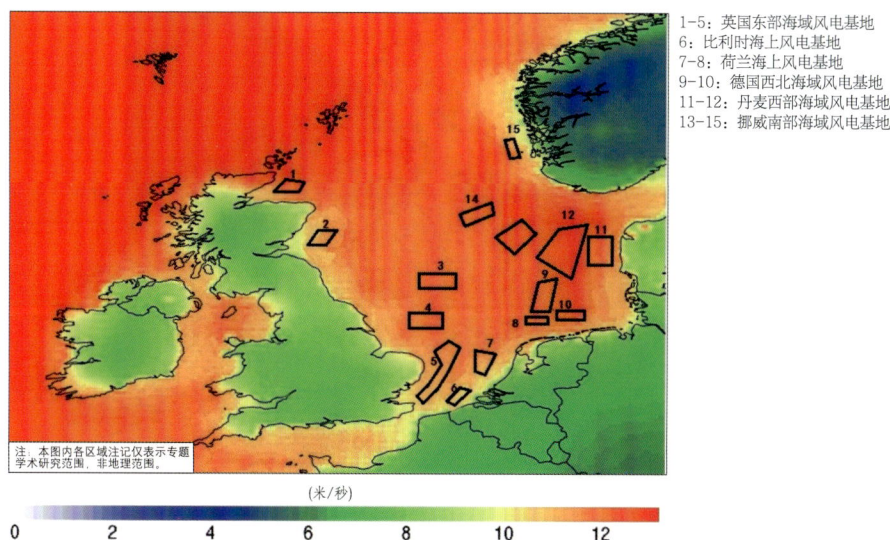

1-5：英国东部海域风电基地
6：比利时海上风电基地
7-8：荷兰海上风电基地
9-10：德国西北海域风电基地
11-12：丹麦西部海域风电基地
13-15：挪威南部海域风电基地

注：本图内各区域注记仅表示专题学术研究范围，非地理范围。

(米/秒)

图 4-8 北海风电基地布局示意图

波罗的海风电基地分布于丹麦东部、瑞典东南部、波罗的海三国西部、波兰北部沿海区域，如图 4-9 所示。该基地技术可开发装机容量 1.63 亿千瓦，技术可开发量 5712 亿千瓦时／年，2035 年、2050 年基地装机容量分别约 4500 万千瓦和 6530 万千瓦。

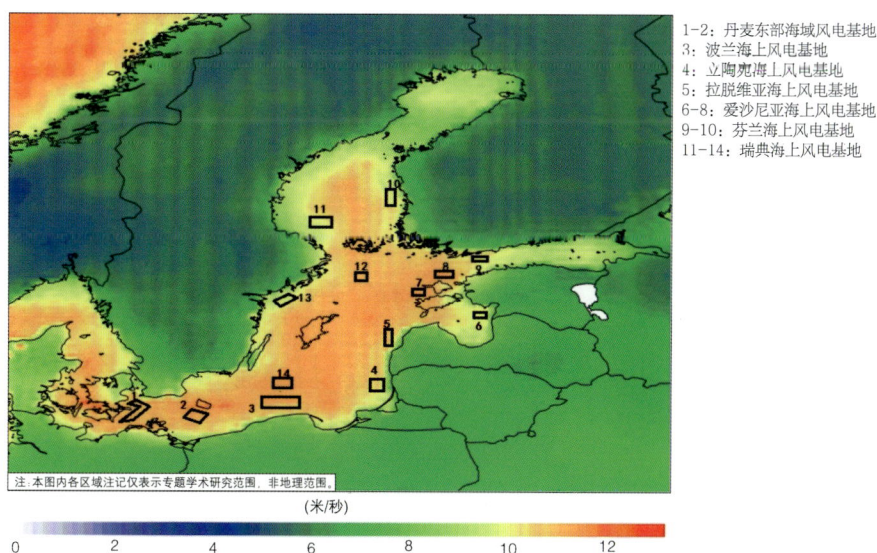

1-2：丹麦东部海域风电基地
3：波兰海上风电基地
4：立陶宛海上风电基地
5：拉脱维亚海上风电基地
6-8：爱沙尼亚海上风电基地
9-10：芬兰海上风电基地
11-14：瑞典海上风电基地

注：本图内各区域注记仅表示专题学术研究范围，非地理范围。

(米/秒)

图 4-9 波罗的海风电基地布局示意图

　　挪威海风电基地主要分布于挪威西部，如图 4-10 所示。该基地技术可开发装机容量 4800 万千瓦，技术可开发量 1680 亿千瓦时／年，2035 年、2050 年基地装机容量分别约 500 万千瓦和 1600 万千瓦。

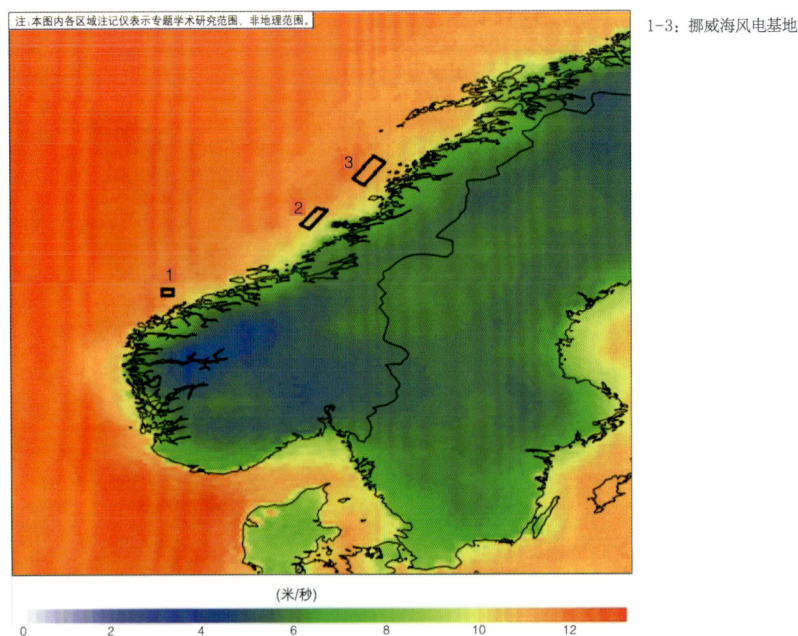

图 4-10　挪威海风电基地布局示意图

　　格陵兰风电基地分布于冰岛南部沿海区域及格陵兰东南部沿海，如图 4-11 所示。该基地技术可开发装机容量 3000 万千瓦，技术可开发量 1500 亿千瓦时／年，2035 年、2050 年基地装机容量分别约 1200 万千瓦和 1430 万千瓦。

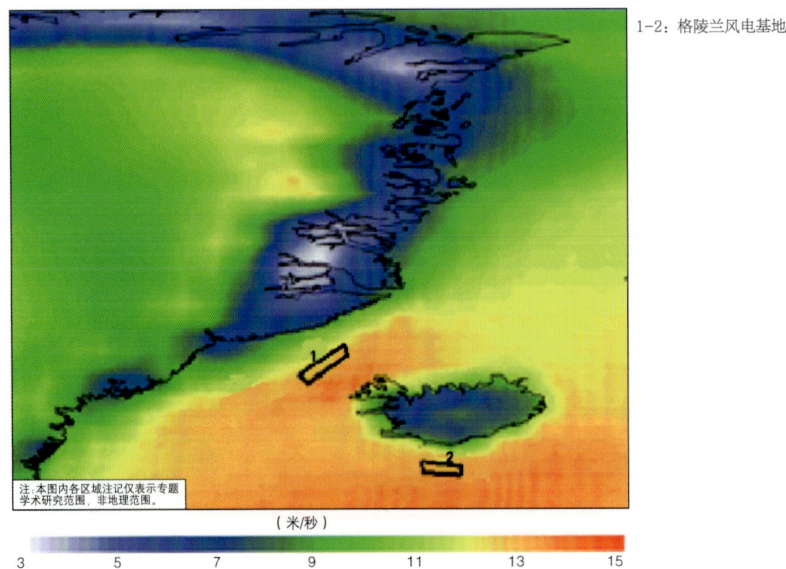

图 4-11　格陵兰风电基地布局示意图

巴伦支海风电基地主要分布于俄罗斯西北部巴伦支海区域，技术可开发装机容量 8000 万千瓦，技术可开发量 2520 亿千瓦时 / 年，2035 年、2050 年基地装机容量分别约 1200 万千瓦和 3360 万千瓦。

欧洲风电基地装机情况如表 4-2 所示。

表 4-2　欧洲风电基地装机情况

单位：万千瓦

序号	基地名称	基地选址	所属国家	技术可开发装机容量	2035 年装机容量	2050 年装机容量
1	北海风电基地	英国东部海域风电基地 1-5	英国	9000	7800	13300
		比利时海上风电基地 6	比利时	1200		
		荷兰海上风电基地 7-8	荷兰	2400		
		德国西北海域风电基地 9-10	德国	3600		
		丹麦西部海域风电基地 11-12	丹麦	8400		
		挪威南部海域风电基地 13-15	挪威	5400		
2	波罗的海风电基地	丹麦东部海域风电基地 1-2	丹麦	2700	4500	6530
		波兰海上风电基地 3	波兰	1800		
		立陶宛海上风电基地 4	立陶宛	1080		
		拉脱维亚海上风电基地 5	拉脱维亚	1080		
		爱沙尼亚海上风电基地 6-8	爱沙尼亚	2880		
		芬兰海上风电基地 9-10	芬兰	2100		
		瑞典海上风电基地 11-14	瑞典	4680		
3	挪威海风电基地	挪威海风电基地 1-3	挪威	4800	500	1600
4	格陵兰风电基地	格陵兰风电基地 1-2	丹麦、冰岛	3000	1200	1430
5	巴伦支海风电基地	巴伦支海风电基地	挪威、俄罗斯	8000	1200	3360
		合计		62120	15200	26220

4.2.3　太阳能开发

欧洲光伏产业发展较早，德国、意大利、英国、法国、西班牙等国光伏产业发展较为先进，目前德国光伏装机容量最大，约占欧洲光伏装机容量的 40%；西班牙光热发电技术和装机容量全球领先。欧洲光伏以分布式、建筑光伏为主，其中德国约 95% 的光伏装机容量均为分布式，意大利 87% 的光伏发电量来自建筑光伏。西班牙光热发电站规模相对集中，具有大容量、高电压等级接入系统的特点。

根据欧洲太阳能资源特性、分布情况、开发条件和经济性，考虑"光伏为主、光热为辅、分布式为主、集中式为辅"原则,对欧洲太阳能进行开发。

欧洲太阳能主要通过分布式建筑光伏进行开发。鉴于欧洲土地成本高企、环保要求较严等因素,可对现有建筑或新建建筑进行改造升级,通过大力发展工商业建筑光伏、无储能/带储能居民建筑屋顶光伏等灵活、占地小、价格竞争力强的分布式开发模式,提高太阳能资源的利用水平。2035 年欧洲光伏装机容量达到 6.5 亿千瓦,其中分布式建筑光伏装机占比约为 80%,2050 年欧洲光伏装机容量达到 9.6 亿千瓦,其中分布式建筑光伏装机占比约为 85%。

欧洲南部太阳能富集地区进一步建设少量集中式光伏或光热电站。在西班牙、葡萄牙、意大利、希腊和土耳其等太阳能资源富集地区,考虑太阳能可利用水平较高及规模效应带来的成本下降,太阳能集中式开发的经济性较好;可利用该地区低价值土地、废旧矿址及工厂、退役发电厂和其他大型废弃公共设施用地,建设较大规模光伏电站或光热电站,对优质太阳能资源进行集中开发。2035 年上述 5 国光热装机容量达到 2000 万千瓦,2050 年光热发电装机容量达到 4500 万千瓦。

5

电网互联

根据欧洲及周边区域清洁能源资源禀赋，参考各国能源电力发展规划，统筹清洁能源与电网发展，加快各国和区域电网升级，加强跨洲跨区跨国电网互联。依托特高压、柔性直流等先进输电技术，形成覆盖清洁能源基地和负荷中心的直流电网，全面提升电网的资源配置能力，支撑清洁能源大规模、远距离输送及互补互济，保障电力可靠供应，满足欧洲经济社会可持续发展的电力需求，实现更大范围能源电力贸易。

5.1 电力流

统筹资源禀赋和电力供需平衡分析，欧洲区域定位如下：

不列颠群岛
风能资源极为丰富，主要集中于北海及爱尔兰海沿岸地区，适宜大规模集中开发。不列颠群岛位于格陵兰、冰岛、挪威和欧洲大陆的中间，具备汇集北极、北海风电和北欧水电形成多能互济平台的条件。

北欧
风能、水能资源丰富。挪威、丹麦（含格陵兰岛）、瑞典等国沿海和近海区域风能资源丰富。北欧斯堪的纳维亚山脉两侧的挪威和瑞典是欧洲水能资源最丰富的地区。大力开发北欧水电、风电，满足本地用电需求后可送电欧洲大陆。

西欧
风能和太阳能资源丰富，也是重要的负荷中心。风能主要分布于北海、大西洋沿岸地区。太阳能资源集中在西班牙、葡萄牙等南部地区。西欧作为欧洲最大的能源电力需求中心，未来煤电、油电、核电逐步退役，需加快开发沿海风电和西班牙、葡萄牙太阳能，满足区内电力需求。

南欧
太阳能资源十分丰富，主要分布于意大利、希腊等国家。大力开发光伏和光热，与区域内外多种清洁能源实现互补互济，提高清洁能源利用效率。

东欧
太阳能、风能和水能资源均较为丰富。风能资源主要集中在波罗的海和爱琴海沿岸。太阳能资源主要集中在土耳其、罗马尼亚等国。水能资源主要集中在土耳其底格里斯河—幼发拉底河流域。未来重点开发波兰沿海风电，土耳其太阳能和水能资源，实现区域内多能互补互济。

波罗的海国家	风能资源丰富，主要分布于波罗的海沿岸。大力开发海上风电，满足本地用电需求的基础上，可外送周边区域。
俄罗斯及周边	风能、水能资源丰富。风能资源主要分布在北极地区、俄罗斯西南部高加索地区及东部鄂霍次克海和萨哈林岛地区。水能资源主要分布在俄罗斯伏尔加河、鄂毕河、叶尼塞河和勒拿河流域。重点开发北极地区和高加索地区风电，西伯利亚水电，满足本地需求的基础上，可外送周边区域。

　　总体来看，未来北欧重点开发海上风电和水电，波罗的海国家重点开发海上风电，是两个清洁能源基地，在满足本地用电需求基础上，送电欧洲其他地区。不列颠群岛总体自平衡，承接北欧、格陵兰清洁电力转送欧洲大陆，是电力中转站。西欧、南欧和东欧电力需求较大，为电力受入中心，接受洲内北部盈余电力和亚非清洁电力。欧洲各国电力供需平衡如图 5-1 所示。

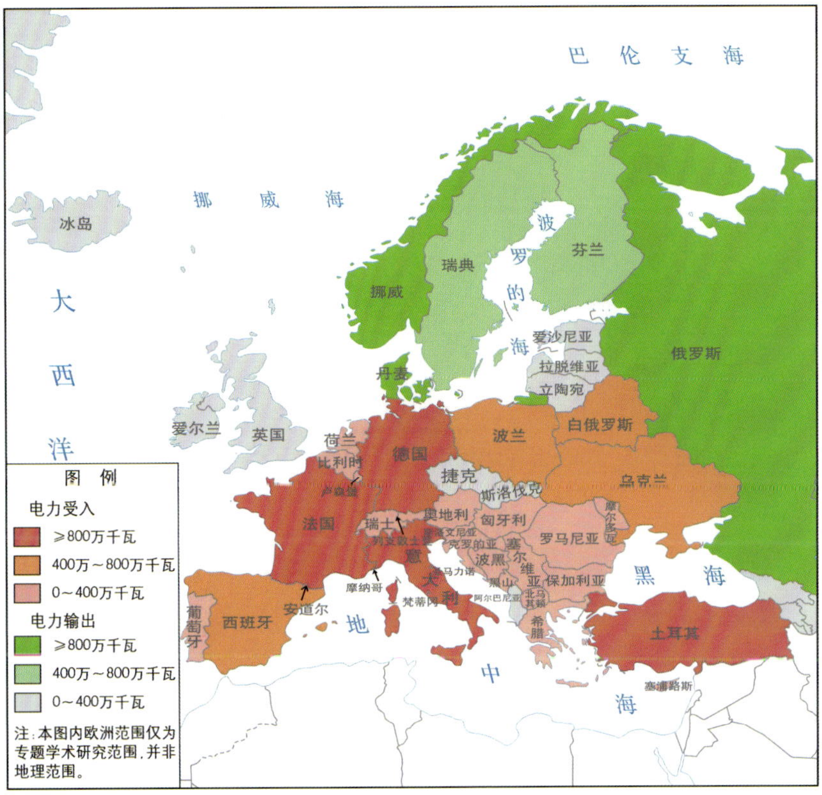

图 5-1　欧洲各国电力供需平衡示意图

　　欧洲电力流总体呈"洲内北电南送、跨洲受入亚非电力"格局。

　　2035 年，欧洲跨洲跨区电力流总规模达到 8500 万千瓦，其中跨洲电力流 3900 万千瓦，跨区电力流 4600 万千瓦。

跨洲: 北非外送 2300 万千瓦至西欧、南欧和东欧;西亚外送 800 万千瓦至东欧;中亚外送 800 万千瓦至西欧。

跨区: 北欧外送 3300 万千瓦至不列颠群岛、西欧、波罗的海国家,波罗的海国家外送 400 万千瓦至东欧,不列颠群岛转送 800 万千瓦至西欧,东欧转送 100 万千瓦至南欧,如图 5-2 所示。

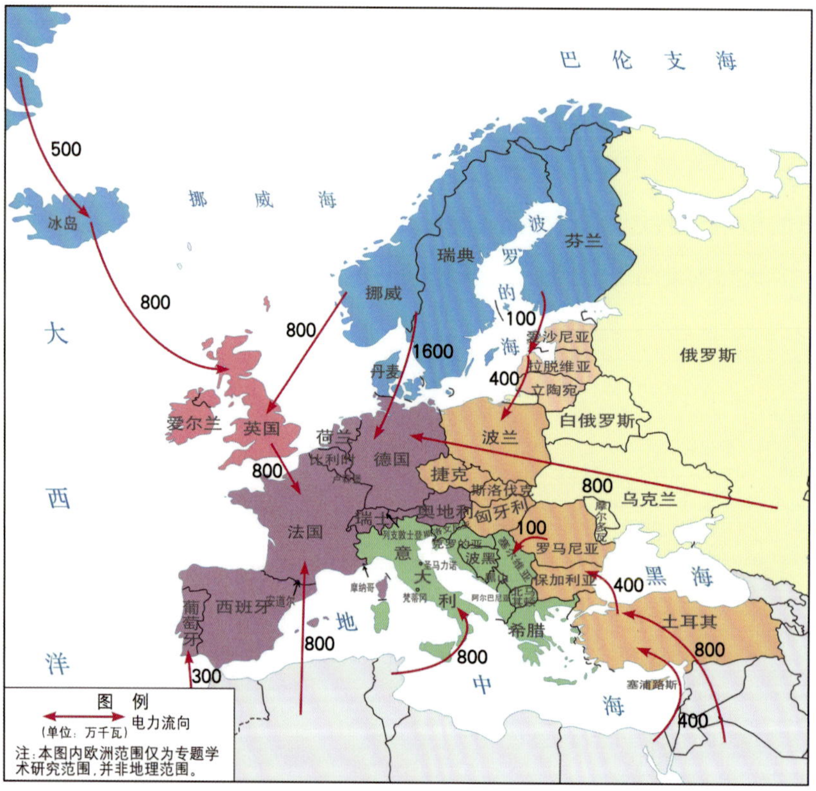

图 5-2 2035 年欧洲能源互联网跨洲跨区电力流示意图

2050 年, 欧洲跨洲跨区电力流总规模达到 1.33 亿千瓦,其中跨洲电力流增至 7500 万千瓦,跨区电力流 5800 万千瓦。

跨洲: 北非外送 4300 万千瓦至西欧、南欧和东欧;西亚外送 1600 万千瓦至东欧;中亚外送 1600 万千瓦至西欧。

跨区: 北欧外送 3700 万千瓦至不列颠群岛、西欧、波罗的海国家和俄罗斯及周边,波罗的海国家外送 400 万千瓦至东欧,不列颠群岛转送 1600 万千瓦至西欧,东欧转送 100 万千瓦至南欧,如图 5-3 所示。

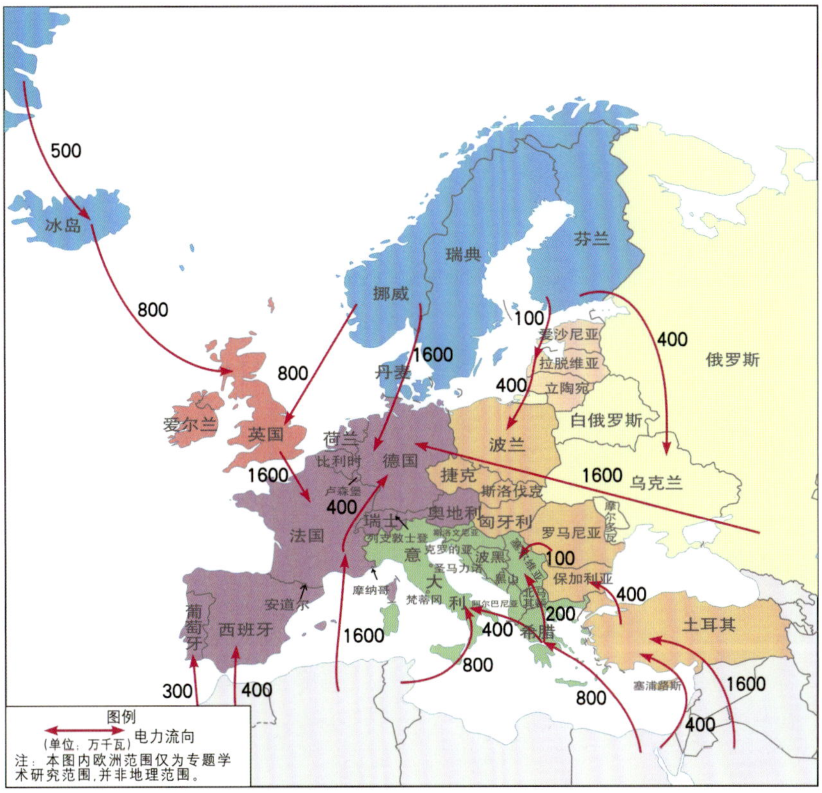

图 5-3 2050 年欧洲能源互联网跨洲跨区电力流示意图

5.2 电网格局

未来欧洲电网发展重点：一是加强国内输电通道建设，提升可再生能源接入与配置能力；提高电网智能化水平，保障高比例清洁能源系统的运行可靠性。二是加强跨国输电通道建设，扩大电网互联规模，满足北海、波罗的海和北极千万千瓦级风电基地送出需要，发挥北欧水电"欧洲调节池"作用，实现洲内清洁能源资源互补互济。三是扩大跨洲互联规模，形成亚欧非联网格局，跨洲受入清洁能源，丰富能源供应来源。

为实现大规模开发利用清洁能源和大范围水风光互补互济，欧洲需要采用更高电压、更灵活、更高效的输电技术。欧洲未来可考虑采用特高压直流输电技术实现跨洲跨区远距离大规模输电，以及柔性直流电网技术升级洲内输电主网架，提高输电灵活性，形成覆盖欧洲的直流电网。为应对欧洲土地资源使用成本高造成的输电线路建设困难问题，可以采用改造升级老旧线路，充分利用高速公路、铁路沿线等公共用地及采用地下电缆、综合管廊、海底电缆等解决措施。

2050 年，随着电网升级和互联规模的不断扩大，欧洲总体形成以欧洲大陆柔性直流电网为核心，连接北海、波罗的海、挪威海、巴伦支海风电基地和北欧水电基地，跨洲连接北非、西亚、中亚清洁能源基地的直流电网格局，如图 5-4 所示。

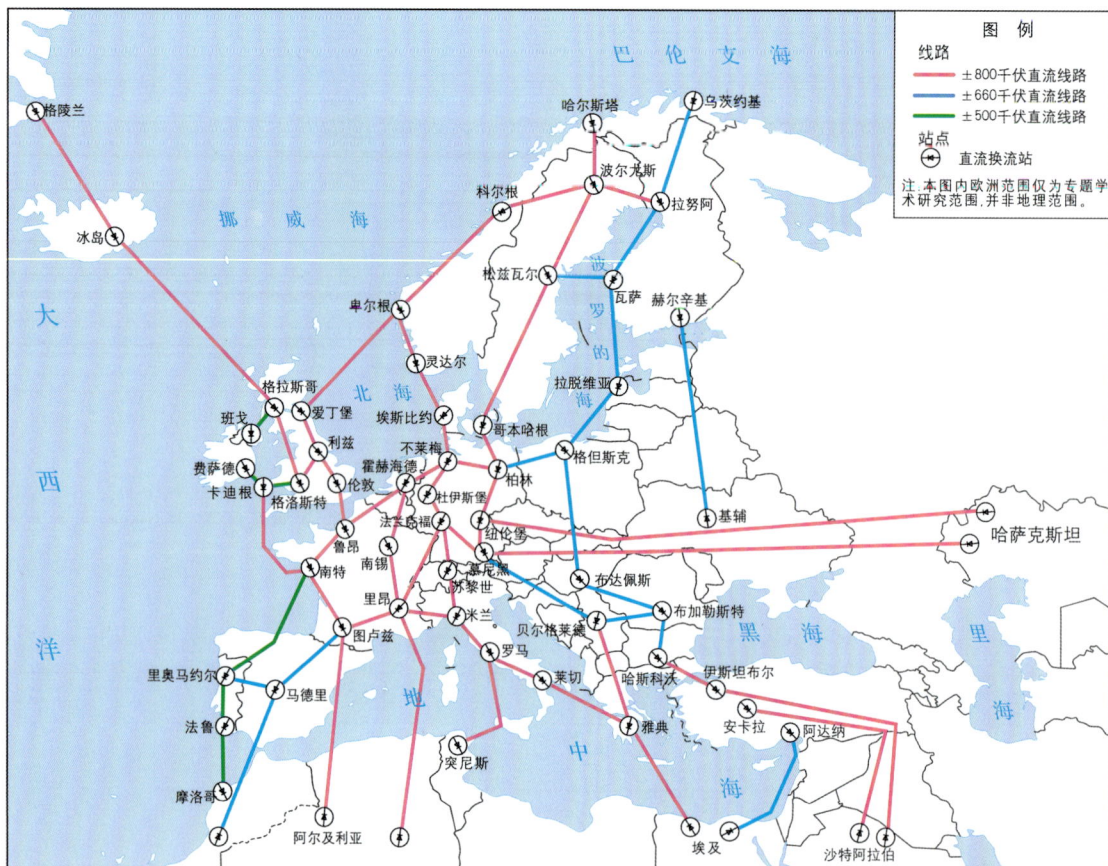

图 5-4　欧洲电网互联总体格局示意图❶

　　不列颠群岛、北欧和西欧通过汇集北海、挪威海、格陵兰周边区域海上风电及北欧水电形成 ±800 千伏直流电网；**波罗的海国家、北欧、东欧、西欧**通过汇集波罗的海、巴伦支海周边区域海上风电形成 ±800/±660 千伏直流电网；西欧、南欧、东欧建设网格型 ±800/±660 千伏柔性直流环网，大规模受入清洁能源并实现跨国互补互济。**跨洲**：经伊比利亚半岛、亚平宁半岛、巴尔干半岛通过 ±800/±660 千伏直流跨地中海接受北非、西亚清洁电力，实现北风南光互补。通过 ±800 千伏直流接受中亚电力，实现亚欧互济。

　　到 2035 年，欧洲直流电网初具规模。依托海上风电汇集外送，建设多回大容量多端直流，形成北海、波罗的海直流环网，欧洲大陆形成中部直流环网；跨洲建设 6 回直流，形成亚欧非联网格局，如图 5-5 所示。

　　洲内：在区域电网继续加强互联的基础上，建设挪威—英国—法国、挪威—丹麦—德国、法国—德国等直流工程，形成北海环网；建设格陵兰—冰岛—英国直流工程；建设芬兰—拉脱维亚—波兰、瑞典—丹麦—德国及波兰—德国等直流工程，形成波罗的海环网。欧洲大陆中部形成直流环网。**跨洲**：建设摩洛哥—葡萄牙、阿尔及利亚—法国、突尼斯—意大利、哈萨克斯坦—德国、埃及—土耳其及沙特阿拉伯—土耳其直流工程，实现亚欧非互联。

　❶ 本报告各图中所有输电线路的落点及路径均为示意性展示，不严格代表具体地理位置。

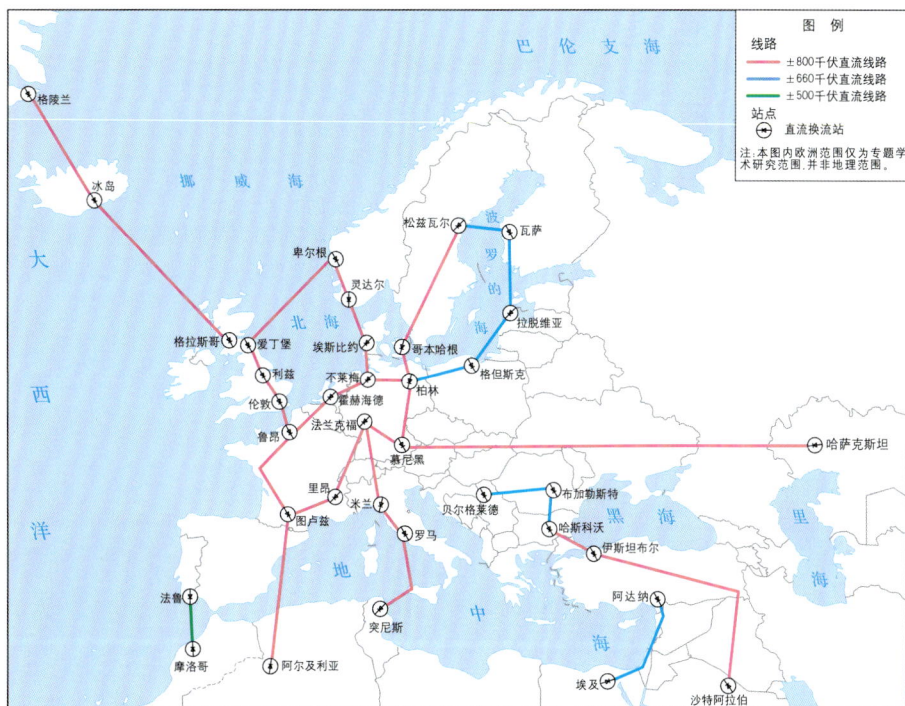

图 5-5 2035 年欧洲电网跨洲跨区互联示意图

到 2050 年，形成覆盖欧洲的灵活可控直流电网。进一步延伸北欧直流电网至挪威海，并连接北极巴伦支海地区；加强欧洲大陆中部直流环网，扩大至东欧，形成覆盖欧洲的直流电网；亚欧非联网规模进一步扩大，跨洲直流达到 11 回，如图 5-6 所示。

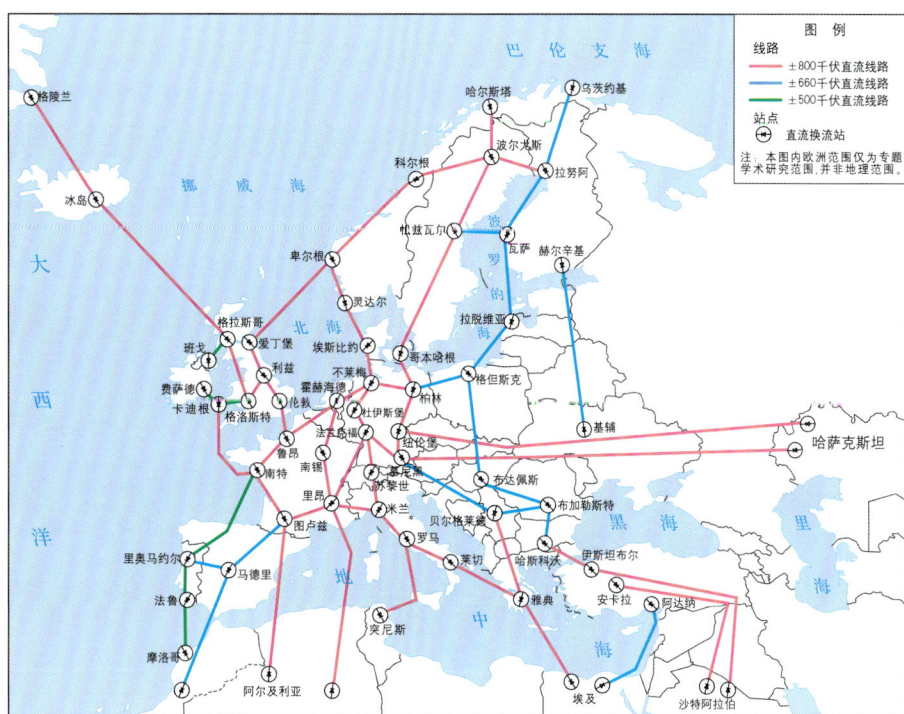

图 5-6 2050 年欧洲电网跨洲跨区互联示意图

洲内：围绕北海、挪威海、波罗的海及巴伦支海，进一步加强、延伸直流电网至北极地区；西欧、南欧、东欧形成 ±800/±660 千伏直流环网，接受"北风南光"、实现各国互补互济。

跨洲：通过三个纵向直流通道接受北非、西亚电力，西部直流通道经伊比利亚半岛送电葡萄牙、西班牙、法国；中部直流通道经亚平宁半岛送电意大利、法国、德国负荷中心；东部直流通道经巴尔干半岛及土耳其送电东欧各国及部分南欧国家。横向通过两回直流接受中亚清洁电力。

5.3 区域电网互联

5.3.1 不列颠群岛

2017 年,不列颠群岛用电量 3530 亿千瓦时,最大负荷 6853 万千瓦,电源装机容量 1 亿千瓦。主要负荷中心分布在英国中南部的英格兰、威尔士地区，已形成紧密的 400 千伏主网架；北部苏格兰地区 400 千伏网架相对薄弱，通过东、西两个 400 千伏输电通道互联。爱尔兰岛以 220 千伏为主网架，中部建成 400 千伏单回线输电通道，通过 3 回直流工程与英国本岛互联。英国本岛通过 2 回直流工程与西欧电网互联。

未来不列颠群岛重点开发北海西部、爱尔兰海风电资源，建设沿海风电外送通道，加强爱尔兰与英国本岛、英国南部与北部、北海沿岸输电通道建设。跨区受入北欧电力，本地消纳部分后转送欧洲大陆，成为电力交换枢纽，实现清洁能源大范围消纳与互济。

2035 年,不列颠群岛用电量达到 5512 亿千瓦时，最大负荷 1.1 亿千瓦，电源装机容量 2.1 亿千瓦。

区内：加强英国南北 400 千伏输电通道和中南部负荷中心 400 千伏网架建设，提高电网输电能力。加强爱尔兰本岛 400 千伏网架建设，并通过直流海缆加强与英国本岛互联，提高互济能力。**跨区:** 建设格陵兰—冰岛—英国、挪威—英国—法国 ±800 千伏直流工程,受入部分电力后，余电转送至西欧。

2050 年,不列颠群岛用电量达到 6983 亿千瓦时，最大负荷 1.4 亿千瓦，电源装机容量 2.9 亿千瓦。

区内：英国进一步加强南北输电通道建设，形成"两纵一横" ±800 千伏直流网架；加强英国 400 千伏输电通道，延伸至苏格兰北部沿海地区。进一步加强爱尔兰与北爱尔兰南北互联通道，形成覆盖全岛的 400 千伏电网；爱尔兰岛与英国本岛之间通过海上风电汇集点建设 2 回直流工程，进一步提高互联水平，提高风电汇集消纳能力。**跨区：**建设英国—法国 ±800 千伏直流工程。2050 年不列颠群岛电网互联如图 5-7 所示。

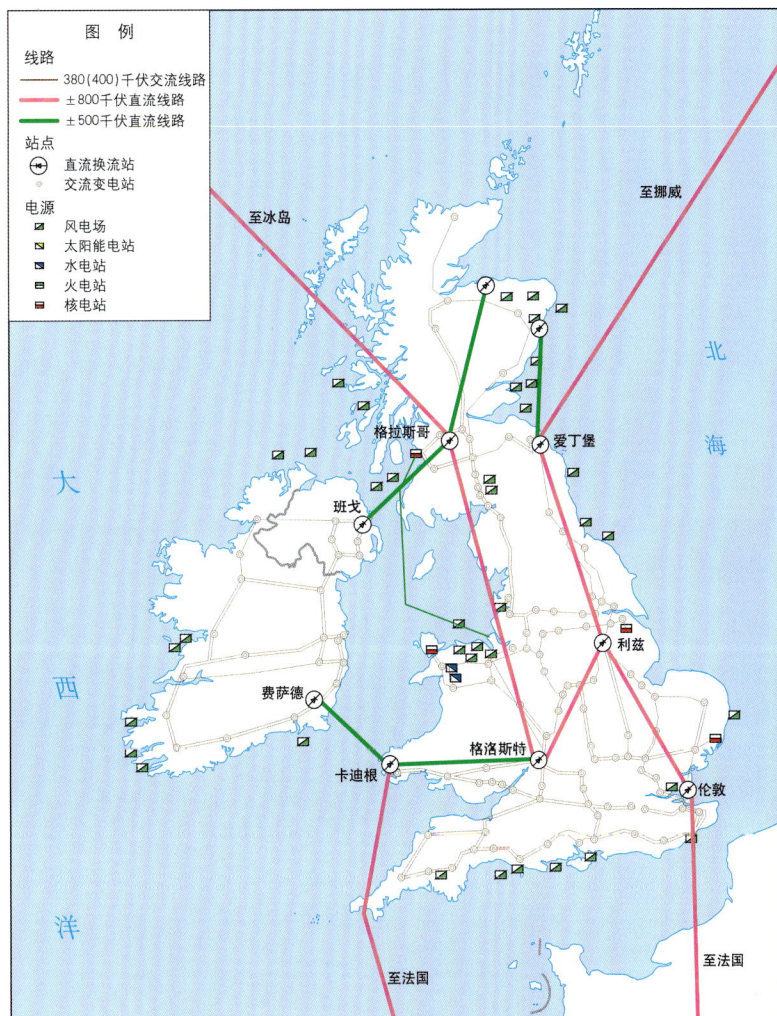

图 5-7　2050 年不列颠群岛电网互联示意图

5.3.2　北欧

2017 年，北欧用电量 4118 亿千瓦时，最大负荷 7208 万千瓦，电源装机容量 1.1 亿千瓦。挪威、瑞典是负荷中心，用电量占比超过 60%。北欧已建成 400 千伏主网架，形成沿斯堪的纳维亚山脉两侧的多回纵向输电通道；与欧洲大陆通过多回直流海缆互联。

未来北欧将重点开发北海、挪威海、波罗的海沿岸及格陵兰东南部沿海风电，斯堪的纳维亚山脉两侧的水电群，进一步提高各国电力清洁化水平。加强与不列颠群岛、西欧、东欧、俄罗斯及周边的输电通道建设，满足水风打捆外送和跨区跨国互济需要。

2035 年， 北欧用电量 4979 亿千瓦时，最大负荷 0.9 亿千瓦，电源装机容量 2.6 亿千瓦。

区内： 沿斯堪的纳维亚山脉两侧加强挪威、瑞典南北纵向 400 千伏输电通道建设，提高水电汇集送出能力，加强挪威、瑞典、芬兰南部 400 千伏主网架建设，覆盖主要负荷中心，提高电网供电能力。挪威与瑞典之间加强 400 千伏联网、瑞典与芬兰之间新增 1 回 ±660 千伏直流，提高跨国电力交换能力。**跨区：**建设挪威—丹麦—德国、瑞典—丹麦—德国两回 ±800 千伏直流，外送电力至德国北部；建设挪威—英国 ±800 千伏直流，外送电力至英国；建设格陵兰—冰岛—英国 ±800 千伏直流，外送格陵兰岛和冰岛水电、风电至英国北部。

2050 年，北欧用电量 5789 亿千瓦时，最大负荷 1.02 亿千瓦，电源装机容量 3.2 亿千瓦。

区内：进一步加强北海东部、波罗的海西北部、巴伦支海等风电基地外送通道建设，建设多个海上风电直流汇集点；延伸纵向输电通道至挪威、瑞典北部，同时加强挪威、瑞典横向 400 千伏互联。建设 2 回挪威海、巴伦支海至瑞典北部的 ±800 千伏直流、1 回巴伦支海至芬兰北部的 ±660 千伏直流线路，向南延伸至瑞典和芬兰负荷中心。加强瑞典与芬兰联网，新增 1 回 ±800 千伏直流。**跨区：**建设芬兰—乌克兰 ±660 千伏直流。2050 年北欧电网互联如图 5-8 所示。

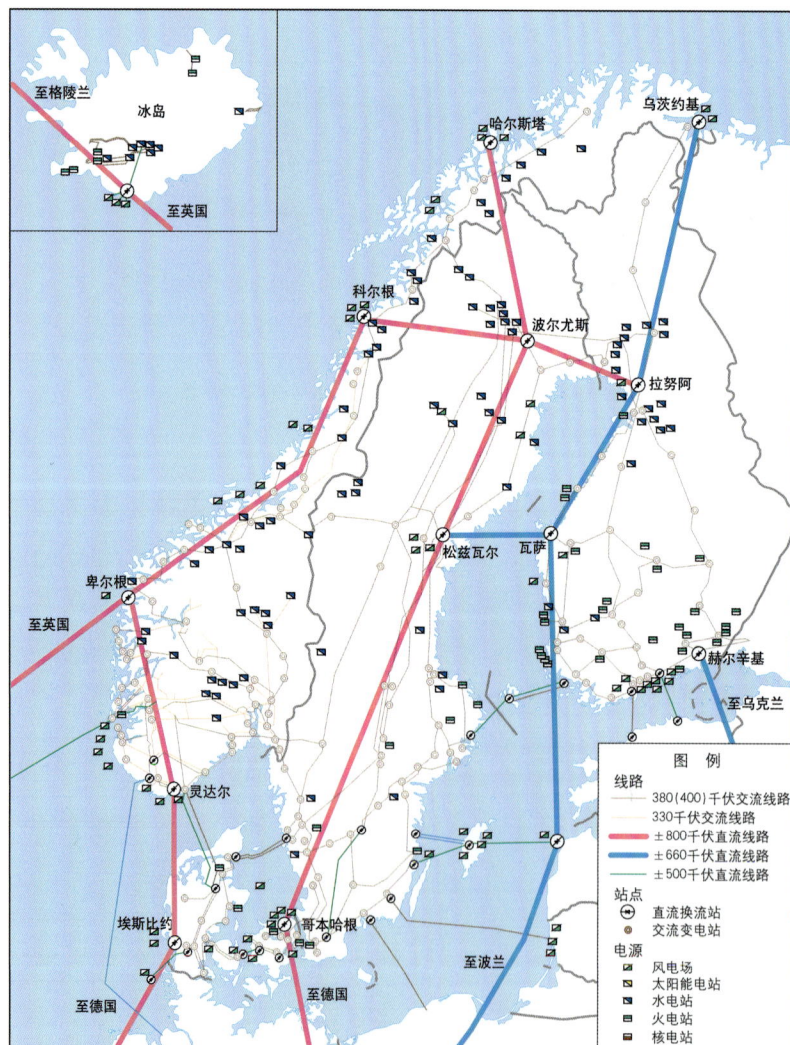

图 5-8　2050 年北欧电网互联示意图

5.3.3 西欧

2017 年，西欧用电量 1.7 万亿千瓦时，最大负荷 2.8 亿千瓦，电源装机容量 5.6 亿千瓦。法国、德国是主要的负荷中心。西欧主网电压等级为 400（380）千伏，各国间紧密互联。法国、德国、西班牙围绕各负荷中心形成环网结构。跨区与英国通过 2 回跨海直流互联，与北欧通过多回直流互联，与东欧通过多回交流互联，与北非摩洛哥通过 2 回 400 千伏线路互联。

未来将重点开发德国、荷兰、比利时等国北海沿海风电、西班牙南部太阳能、法国地中海沿岸风电。建设区内连接清洁能源基地和负荷中心的坚强灵活可控柔性直流电网主网架，提升跨国电力交换能力；加强各国 400（380）千伏主网架建设，提高供电可靠性。建设跨洲跨区通道，受入北欧风电、水电，北非、中亚太阳能等清洁电力，实现多能互补、高效利用。

2035 年，西欧用电量达到 2.4 万亿千瓦时，最大负荷 4.05 亿千瓦，电源装机容量 10 亿千瓦。

区内： 加强德国南北输电通道建设，建设东部柏林—慕尼黑 ±800 千伏直流通道和中部汉堡—纽伦堡 380 千伏交流通道，提升南北互济能力。法国加强沿海 400 千伏链式输电通道和南北交直流输电通道建设，受入沿海风电及外来电力。西班牙进一步加强 400 千伏马德里环网及南部太阳能汇集外送通道建设。瑞士、奥地利形成 400 千伏环网。跨国，建设覆盖法国、德国、瑞士、荷兰的 ±800 千伏柔直环网，满足电力受入和跨国电力互补互济需要。**跨区：** 建设波兰—德国直流联网工程，提高东欧、西欧电力交换能力。建设挪威—英国—法国、挪威—丹麦—德国 ±800 千伏多端直流，受入北欧电力。建设阿尔及利亚—法国、摩洛哥—葡萄牙、哈萨克斯坦—德国 ±800 千伏直流，受入北非、中亚电力。

2050 年，西欧用电量达到 2.9 万亿千瓦时，最大负荷 4.9 亿千瓦，电源装机容量 12.5 亿千瓦。

区内： 德国进一步加强南北输电通道，建设不莱梅—法兰克福 ±800 千伏直流，同时加强交流主网架和直流疏散通道建设。法国重点加强东部 400 千伏网架，提升电网供电能力。西班牙马德里形成 400 千伏双环网，加强与葡萄牙交直流联网通道。跨国，形成覆盖西欧各国的 ±800/±660 千伏柔性直流梯形网架，西部德国—荷兰—法国—葡萄牙直流通道主要承接北海风电、北欧水电；东部德国—瑞士—法国—西班牙直流通道主要承接北欧水电、波罗的海风电、中亚电力；东、西直流通道间通过 5 回直流互联，跨国电力交换能力得到大幅提升，满足区内风、水、光互补互济需要。**跨区：** 建设 3 回西欧—南欧直流联网工程，形成欧洲大陆直流网架。建设阿尔及利亚—法国—德国 ±800 千伏三端直流，哈萨克斯坦—德国 ±800 千伏直流。2050 年西欧电网互联如图 5-9 所示。

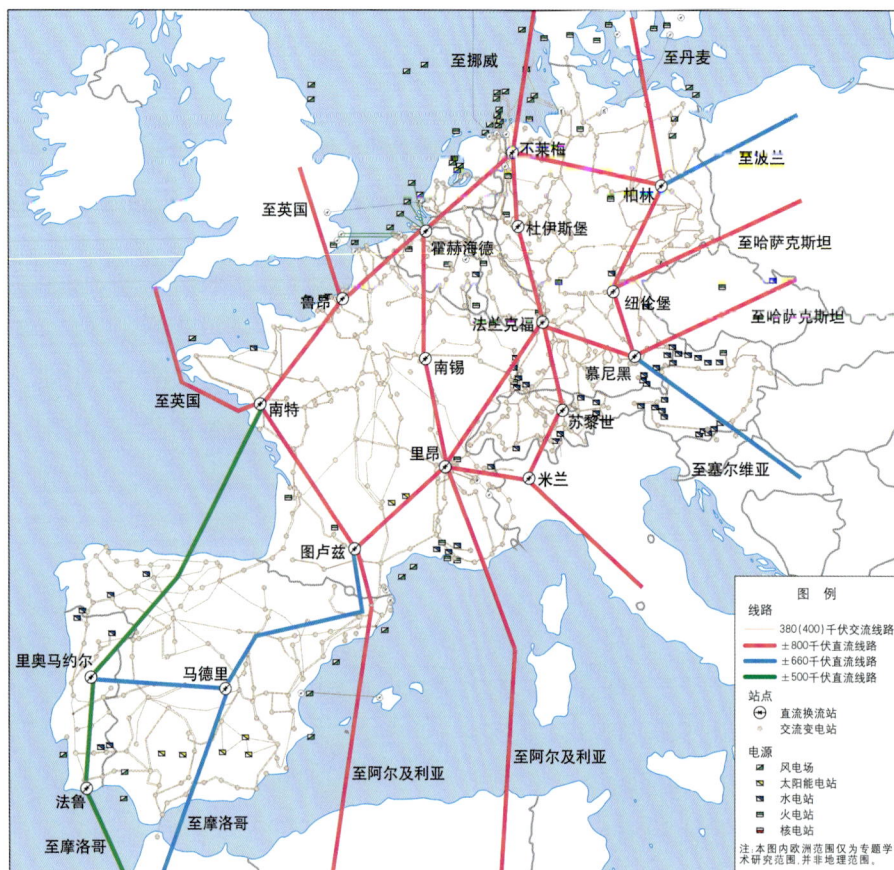

图 5-9　2050 年西欧电网互联示意图

5.3.4　南欧

2017 年，南欧用电量 4743 亿千瓦时，最大负荷 8486 万千瓦，电源装机容量 1.8 亿千瓦。意大利是主要的负荷中心。意大利亚平宁半岛沿海岸线形成东、西 400 千伏交流输电通道，北部和中部负荷中心地区网架密集。巴尔干地区国家 400 千伏网架相对薄弱。与西欧、东欧通过多回 400 千伏线路互联。

未来南欧将重点开发区内南部太阳能和地中海、爱琴海沿海风电。进一步加强意大利、巴尔干纵向输电通道和亚得里亚海两岸联网，提高南北送电能力、承接北非电力受入。

2035 年， 南欧用电量 6521 亿千瓦时，最大负荷 1.1 亿千瓦，电源装机容量 3.2 亿千瓦。

区内： 意大利重点加强亚平宁半岛西侧 400 千伏纵向输电通道建设，提高南北供电能力；加强亚平宁半岛与撒丁岛、西西里岛电网互联，提高海岛供电可靠性。加强巴尔干地区各国 400 千伏主网架建设。建设黑山—意大利 ±500 千伏直流联网工程，提高亚得里亚海两岸电力交换能力。**跨区：** 建设罗马尼亚—塞尔维亚 ±660 千伏直流与东欧联网、意大利—瑞士 ±800 千伏直流与西欧联网。建设突尼斯—意大利罗马—意大利米兰 ±800 千伏三端直流，受入北非电力。

2050 年, 南欧用电量 7690 亿千瓦时,最大负荷 1.3 亿千瓦,电源装机容量 3.7 亿千瓦。

区内: 建设希腊—意大利、希腊—塞尔维亚 ±800 千伏直流,进一步提高亚得里亚海两岸电力交换能力;加强亚平宁半岛东侧和巴尔干半岛西侧纵向 400 千伏输电通道,加强各国 400 千伏主网架,满足南电北送和跨国互济需要。**跨区:** 建设塞尔维亚—德国 ±660 千伏直流、意大利—法国 ±800 直流与西欧加强联网;建设埃及—希腊 ±800 千伏直流,受入北非电力。2050 年南欧电网互联如图 5-10 所示。

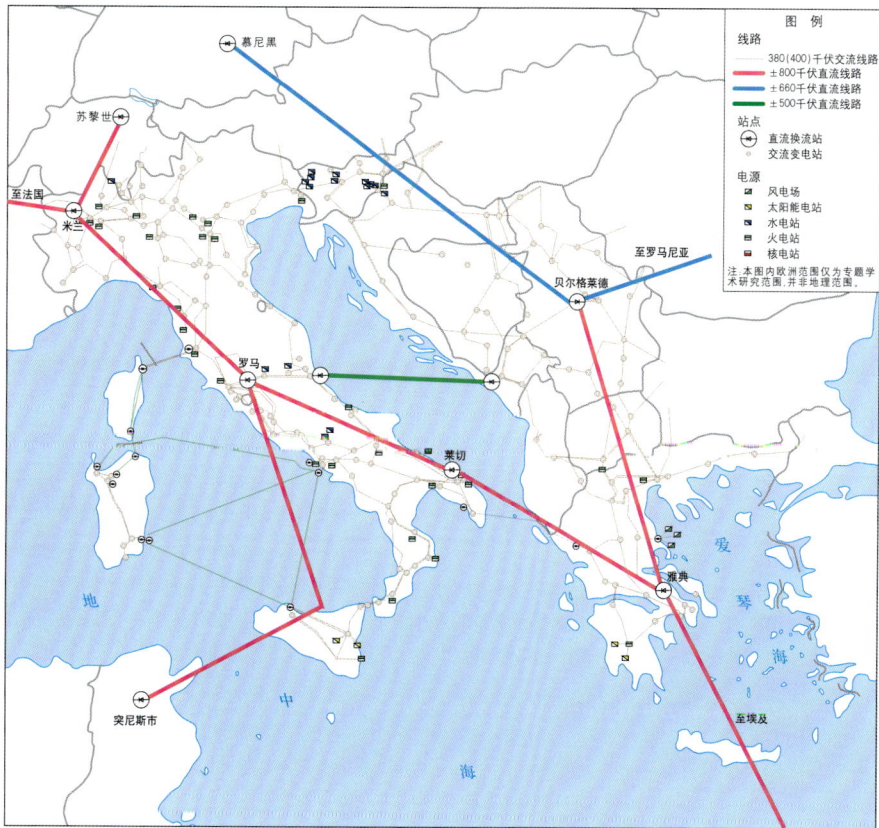

图 5-10　2050 年南欧电网互联示意图

5.3.5　东欧

2017 年,东欧用电量 6866 亿千瓦时,最大负荷 1.1 亿千瓦,电源装机容量 2 亿千瓦。土耳其、波兰是主要的负荷中心。东欧各国已形成紧密互联的 400 千伏主网架。跨区通过多回 400 千伏线路与西欧、南欧互联,通过直流(及背靠背)与北欧、波罗的海国家互联。

未来东欧将重点开发波罗的海风电、土耳其太阳能和水电,加强各国 400 千伏主网架,提升南北通道的送电能力;加强与西欧、东欧联网,加强跨洲受电通道建设。

2035 年, 东欧用电量达到 1 万亿千瓦时,最大负荷 1.7 亿千瓦,电源装机容量 4.1 亿千瓦。

区内: 加强各国国内 400 千伏主网架及跨国 400 千伏输电通道建设,建设保加利亚—罗马尼亚 ±660 千伏直流联网工程,提高跨国输电能力。**跨区:** 通过拉脱维亚—波兰—德国 ±660 千伏直流与波罗的海国家、西欧联网;建设罗马尼亚—塞尔维亚 ±660 千伏直流,受入东欧电力;建设埃及—土耳其 ±660 千伏直流,受入北非电力;建设沙特阿拉伯—土耳其—保加利亚 ±800 千伏三端直流,受入西亚电力。

2050 年, 东欧用电量达到 1.4 万亿千瓦时,最大负荷 2.3 亿千瓦,电源装机容量 6.1 亿千瓦。

区内: 建设波兰—匈牙利—罗马尼亚 ±660 千伏直流联网通道,形成贯穿东欧的纵向输电通道,南北输电能力进一步提高。**跨区:** 建设沙特阿拉伯—土耳其 ±800 千伏直流受入西亚电力。2050 年东欧电网互联如图 5-11 所示。

图 5-11　2050 年东欧电网互联示意图

5.3.6　波罗的海国家

2017 年,波罗的海国家用电量 275 亿千瓦时,最大负荷 460 万千瓦,电源装机容量 927 万千瓦。三国负荷分布较为平均。波罗的海国家电网主网架为 330 千伏,通过直流(及背靠背)与北欧、东欧互联,通过交流线路与俄罗斯、白俄罗斯互联。

未来波罗的海国家将重点开发海上风电基地，加强各国 330 千伏主网架与跨区联网通道建设，满足本地用电需求后向东欧送电。

2035 年， 波罗的海国家用电量 410 亿千瓦时，最大负荷 724 万千瓦，电源装机容量 2322 万千瓦。

区内： 重点加强波罗的海沿岸风电汇集通道建设，加强各国 330 千伏主网架及跨国联网通道建设，提升电网输电能力和互济能力。**跨区：** 建设芬兰—拉脱维亚—波兰 ±660 千伏 3 端直流，汇集海上风电送电东欧。

2050 年， 波罗的海国家用电量达到 506 亿千瓦时，最大负荷 877 万千瓦，电源装机容量 2733 万千瓦。

区内： 进一步加强各国 330 千伏主网架，同时，结合波罗的海风电基地开发，形成海上直流互联通道。**跨区：** 进一步加强与东欧电力交换能力。2050 年波罗的海国家电网互联如图 5-12 所示。

图 5-12　2050 年波罗的海国家电网互联示意图

5.3.7　俄罗斯及周边

2017 年，俄罗斯及周边用电量 1.2 万亿千瓦时，最大负荷 1.8 亿千瓦，电源装机容量 3 亿千瓦。俄罗斯是负荷中心，西部与白俄罗斯、乌克兰已形成 750 千伏互联电网，网架以 500 千伏和 330 千伏为主。

　　未来俄罗斯及周边将重点开发俄罗斯北部、高加索及远东地区大型风电基地，俄罗斯乌拉尔、西伯利亚和远东地区大型水电基地，加强各国交流主网架建设，满足区域供电的基础上，外送电力至东亚。

　　2035 年，俄罗斯及周边用电量 1.5 万亿千瓦时，最大负荷 2.6 亿千瓦，电源装机容量 6.5 亿千瓦。

　　区内：俄罗斯西部形成 1000 千伏环网，连接俄罗斯西北部风电、南部伏尔加水电和中部负荷中心。逐步开发叶尼塞河等水电资源，建设连接西伯利亚和远东电网的东部 1000 千伏通道。加强俄罗斯、乌克兰和白俄罗斯 750/500 千伏主网架建设，提升各国 330 千伏及以下电压等级电网输电能力。**跨区**：建设俄罗斯远东外送通道。

　　2050 年，俄罗斯及周边用电量 1.8 万亿千瓦时，最大负荷 3.3 亿千瓦，电源装机容量 9.6 亿千瓦。

　　区内：加强西伯利亚、乌拉尔间 1000 千伏联网，形成横贯俄罗斯的 1000 千伏电网。建设巴伦支海风电基地送电圣彼得堡和韦士凯马的 2 回 ±800 千伏直流和叶尼塞河送电莫斯科的 1 回 ±800 千伏直流。进一步加强区域内各国 750/500/330 千伏电网建设。**跨区**：建设芬兰—乌克兰 ±660 千伏直流，受入波罗的海风电，进一步加强俄罗斯远东外送通道。2050 年俄罗斯及周边电网互联如图 5-13 所示。

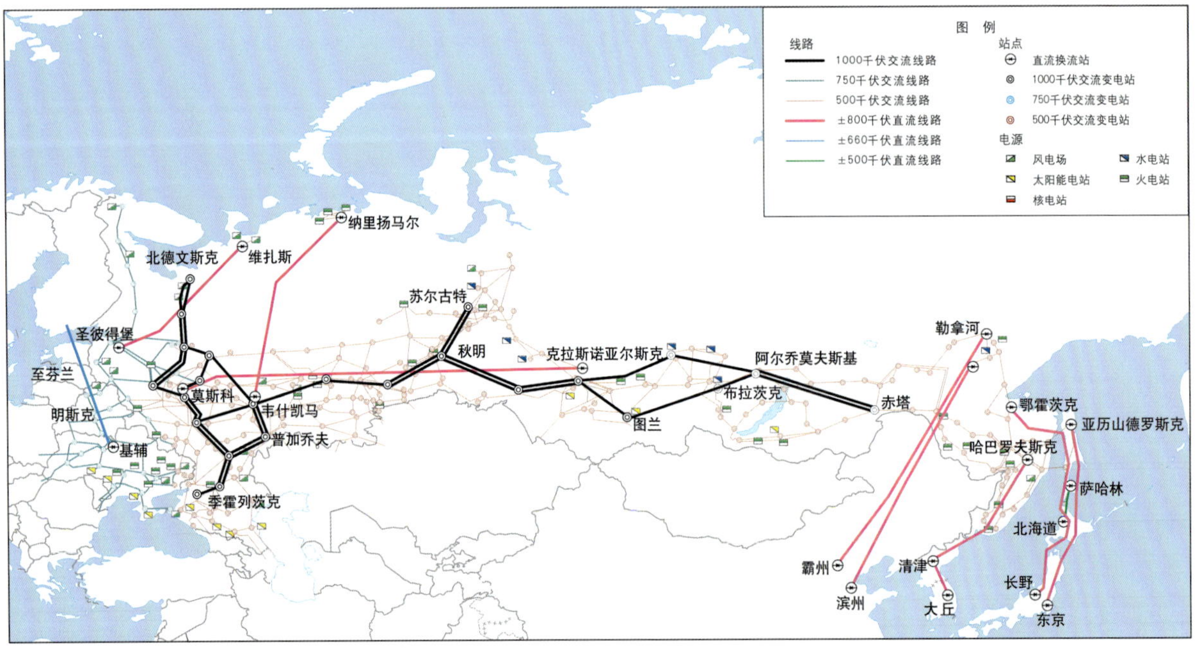

图 5-13　2050 年俄罗斯及周边电网互联示意图

5.4 重点互联互通工程

5.4.1 跨洲重点工程

1 非洲—欧洲互联互通工程

摩洛哥丹吉尔—葡萄牙法鲁 ±500 千伏直流输电工程，定位于汇集摩洛哥扎古拉太阳能基地清洁电力外送葡萄牙，拟采用 ±500 千伏直流，输送容量 300 万千瓦，线路长度约 260 千米，其中跨海长度 200 千米，2035 年前建成。工程总投资约 12 亿美元，输电价约 1.65 美分 / 千瓦时 ❶。

阿尔及利亚艾格瓦特—法国图卢兹 ±800 千伏直流输电工程，定位于汇集阿尔及利亚艾格瓦特太阳能基地电力外送法国，拟采用 ±800 千伏直流，输送容量 800 万千瓦，线路长度约 1400 千米，其中跨地中海距离 750 千米，2035 年前建成。工程总投资 74 亿美元，输电价约为 2.63 美分 / 千瓦时。

突尼斯突尼斯市—意大利罗马 ±800 千伏直流输电工程，定位于汇集突尼斯雷马达太阳能基地、莫纳斯提尔风电基地电力外送意大利，拟采用 ±800 千伏直流，输送容量 800 万千瓦，线路长度约 1300 千米，其中跨海长度 200 千米，2035 年前建成。工程总投资 43 亿美元，输电价 1.53 美分 / 千瓦时。

埃及扎耶德—土耳其阿达纳 ±660 千伏直流输电工程，定位于汇集埃及南部太阳能基地电力外送土耳其，拟采用 ±660 千伏直流，输送容量 400 万千瓦，线路长度约 1100 千米，其中跨海长度 800 千米，2035 年前建成。工程总投资 42 亿美元，输电价约为 2.95 美分 / 千瓦时。

摩洛哥扎格—西班牙马德里 ±660 千伏直流输电工程，定位于汇集刚果（金）大英加水电和摩洛哥扎格太阳能基地电力，联合调节后外送至西班牙，拟采用 ±660 千伏直流，输送容量 400 万千瓦，线路长度约 1800 千米，其中跨海长度 30 千米，2050 年前建成。工程总投资 20 亿美元，输电价约为 1.23 美分 / 千瓦时。

阿尔及利亚瓦尔格拉—法国里昂—德国法兰克福 ±800 千伏三端直流输电工程，定位于阿尔及利亚瓦尔格拉太阳能基地外送法国和德国，拟采用 ±800 千伏直流，输送容量 800 万千瓦，法国和德国各消纳 400 万千瓦，线路长度约 2400 千米，其中跨海长度 840 千米，2050 年前建成。工程总投资 84 亿美元，输电价约为 2.58 美分 / 千瓦时。

埃及马特鲁—希腊雅典—意大利莱切 ±800 千伏三端直流输电工程，定位于汇集埃及马特鲁风电基地和太阳能电力外送希腊和意大利，拟采用 ±800 千伏直流，输送容量 800 万千瓦，

---

❶ 本报告输电价测算的主要参数为：经营期 30 年、贷款期 18 年、资本金比例 20%、贷款利率 4.9%、增值税率 5%、投资回报率 10%、经营成本占总投资比例 2.5%。

在希腊及阿尔巴尼亚、保加利亚等国消纳 400 万千瓦后，输送 400 万千瓦电力至意大利南部，线路长度约 1700 千米，其中跨海长度 960 千米，2050 年前建成。工程总投资 84 亿美元，输电价约为 3.01 美分 / 千瓦时。

非洲—欧洲互联工程如图 5-14 所示。

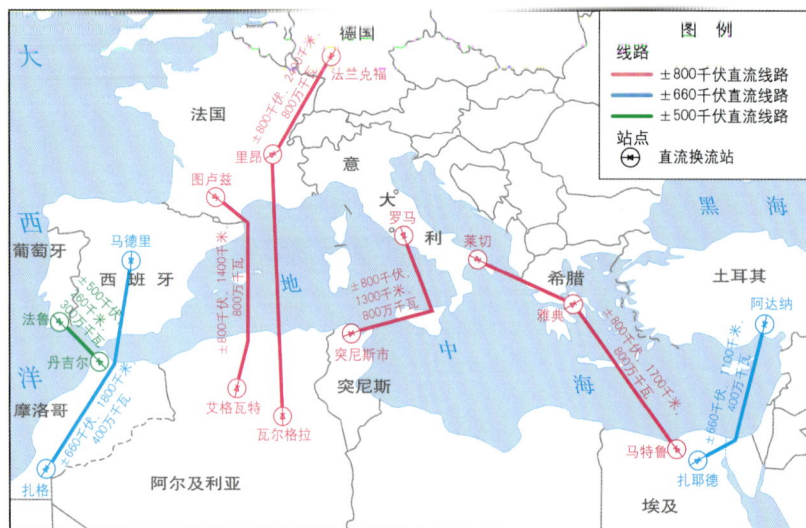

图 5-14　非洲—欧洲互联工程示意图

2　亚洲—欧洲互联互通工程

哈萨克斯坦阿克托别—德国慕尼黑 ±800 千伏直流工程，定位于汇集哈萨克斯坦风电和太阳能电力，通过直流输送至德国慕尼黑。拟采用 ±800 千伏直流，输送容量 800 万千瓦，线路长度 3500 千米，2035 年前建成。工程总投资 62 亿美元，输电价约为 2.36 美分 / 千瓦时。

哈萨克斯坦库斯塔奈—德国纽伦堡 ±800 千伏直流工程，定位于汇集哈萨克斯坦风电和太阳能电力，通过直流输送至德国纽伦堡。拟采用 ±800 千伏直流，输送容量 800 万千瓦，线路长度 3900 千米，2050 年前建成。工程总投资 67 亿美元，输电价约为 2.58 美分 / 千瓦时。

沙特阿拉伯阿尔克苏马—土耳其伊斯坦布尔—保加利亚哈斯科沃 ±800 千伏直流输电工程，定位于汇集沙特阿拉伯太阳能电力，通过直流输送至土耳其伊斯坦布尔和保加利亚哈斯科沃。拟采用 ±800 千伏直流，输送容量 800 万千瓦，线路长度 2800 千米，2035 年前建成。工程总投资 53 亿美元，输电价约为 1.98 美分 / 千瓦时。

沙特阿拉伯哈伊勒—土耳其安卡拉 ±800 千伏直流输电工程，定位于汇集沙特阿拉伯太阳能电力，通过直流输送至土耳其安卡拉。拟采用 ±800 千伏直流，输送容量 800 万千瓦，线路长度 2200 千米，2050 年前建成。工程总投资 47 亿美元，输电价约为 1.73 美分 / 千瓦时。

亚洲—欧洲互联工程如图 5-15 所示。

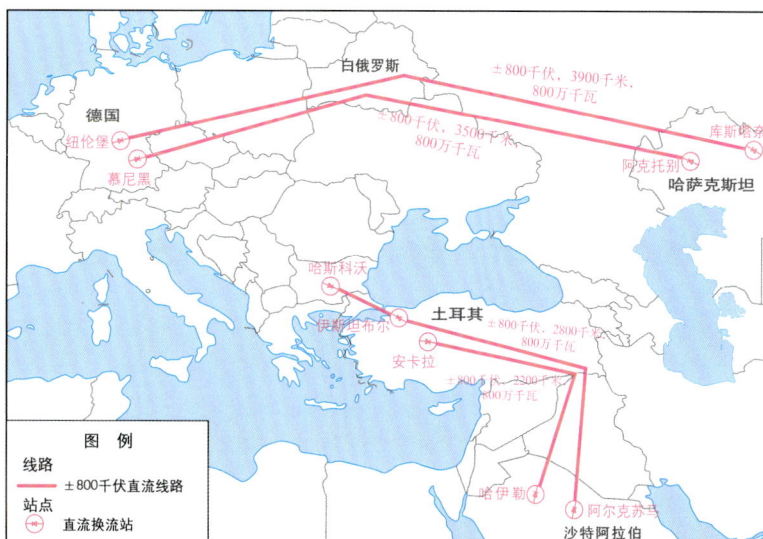

图 5-15 亚洲—欧洲互联工程示意图

5.4.2 跨区重点工程

1 北海 ±800 千伏柔性直流环网工程

工程定位于汇集北海风电,提高挪威、英国与欧洲大陆间输电能力。拟形成挪威—英国—法国—德国—丹麦—挪威 ±800 千伏柔性直流环网,如图 5-16 所示,新建 ±800 千伏换流站 7 个,总换流容量 4000 万千瓦;±800 千伏直流线路 3400 千米,2035 年前建成。工程总投资 160 亿美元。

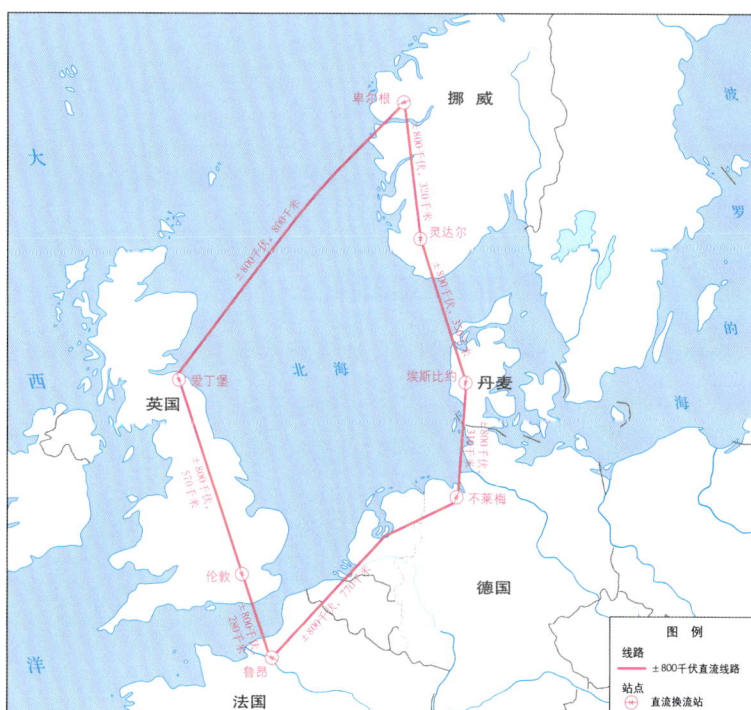

图 5-16 北海 ±800 千伏柔性直流环网工程示意图

2 波罗的海 ±800/±660 千伏柔性直流环网工程

工程定位于汇集波罗的海风电,提高北欧、波罗的海国家向欧洲大陆输电能力。拟形成瑞典—芬兰—拉脱维亚—波兰—德国—丹麦—瑞典 ±800/±660 千伏柔性直流环网,如图 5-17 所示,新建 ±800 千伏换流站 3 个,换流容量 1600 万千瓦;±660 千伏换流站 3 个,换流容量 800 万千瓦;新建 ±800 千伏直流线路 1320 千米,±660 千伏直流线路 1930 千米,2035 年前建成。工程总投资 102 亿美元。

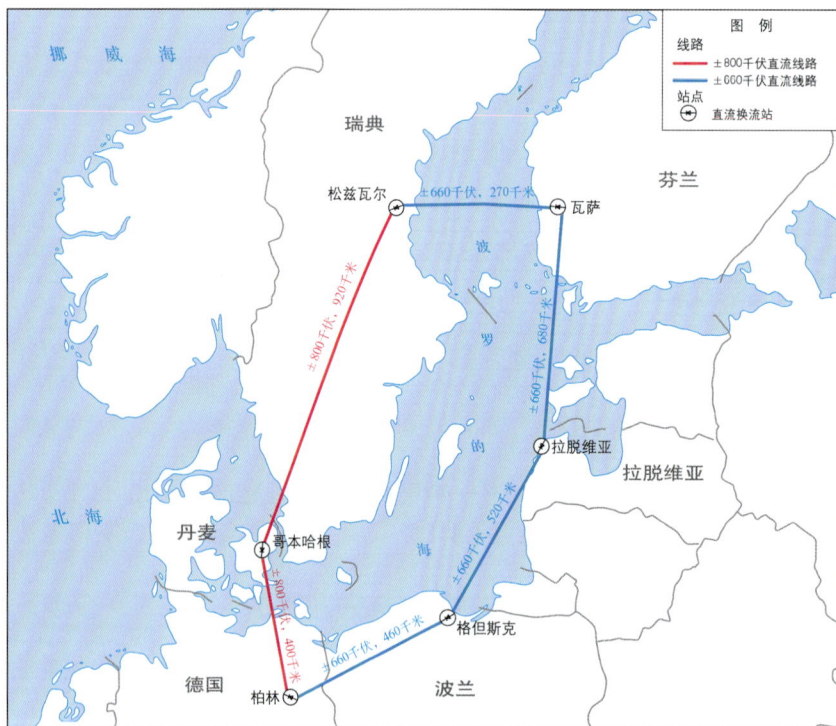

图 5-17　波罗的海 ±800/±660 千伏柔性直流环网工程示意图

3 格陵兰—冰岛—英国 ±800 千伏直流工程

工程定位于汇集格陵兰水电、风电及冰岛海上风电,通过英国与欧洲大陆实现互补互济。如图 5-18 所示,拟采用 ±800 千伏三端柔性直流,输送容量 800 万千瓦,线路长度约 2400 千米,其中跨海长度 2200 千米,2035 年前建成。工程总投资 173 亿美元。

图 5-18　格陵兰—冰岛—英国 ±800 千伏直流工程示意图

5.5　投资估算

5.5.1　投资估算原则

欧洲能源互联网投资包括电源投资和电网投资两部分。电源投资根据电源各水平年单位投资成本和投产容量进行测算，电网投资根据各电压等级电网投资造价进行估算。

电源投资方面，根据各类电源技术发展趋势，结合国际能源署、彭博新能源财经等国际能源机构相关研究成果，预测 2035 年、2050 年各类电源单位容量投资成本。预计到 2050 年欧洲太阳能、风电单位投资成本较 2019 年分别降低 56% ~ 58% 和 47% ~ 52%。各水平年各类电源单位投资成本预测如表 5-1 所示。

表 5-1 各水平年各类电源单位投资成本预测

单位：美元 / 千瓦

电源类型	2035 年	2050 年
火电	3400	3500
水电	2100	2100
光伏	610（基地成本：490）	380（基地成本：310）
光热	4160	3390
陆上风电	1110（基地成本：890）	910（基地成本：730）
海上风电	1520	1300
核电	4800	4000
生物质及其他	2300	2200

电网投资方面，直流电网主要参考投运工程造价进行测算，结合欧洲及周边国家类似工程造价情况，进行适当调整。400 千伏、220 千伏级等交流电网投资根据类似工程进行估算。各电压等级电网投资测算参数见表 5-2。

表 5-2 各电压等级电网投资测算参数

工程类别	变电站、换流站（美元 / 千伏安、美元 / 千瓦）	线路（万美元 / 千米）	海底电缆❶（万美元 / 千米）
1000 千伏交流	67	83	—
765 千伏交流	41	53	—
500 千伏交流	39	34	—
400 千伏交流	50	44	—
±500 千伏直流	177	57	250
±660 千伏直流	179	78	300
±800 千伏直流	188	135	440

❶ 表中数据适用于水深小于 100 米的浅海区域。根据实际调研，对于 100～200 米海深的海缆工程，粗略估计造价上浮约 25%，对于 200 米以上的海缆工程，造价需进一步上浮约 30%。

5.5.2 投资估算结果

2019—2050 年欧洲能源互联网总投资 4.9 万亿美元。其中电源投资 3.8 万亿美元，占比 77%；电网投资 1.1 万亿美元，占比 23%。欧洲能源互联网投资规模与结构如图 5-19 所示。

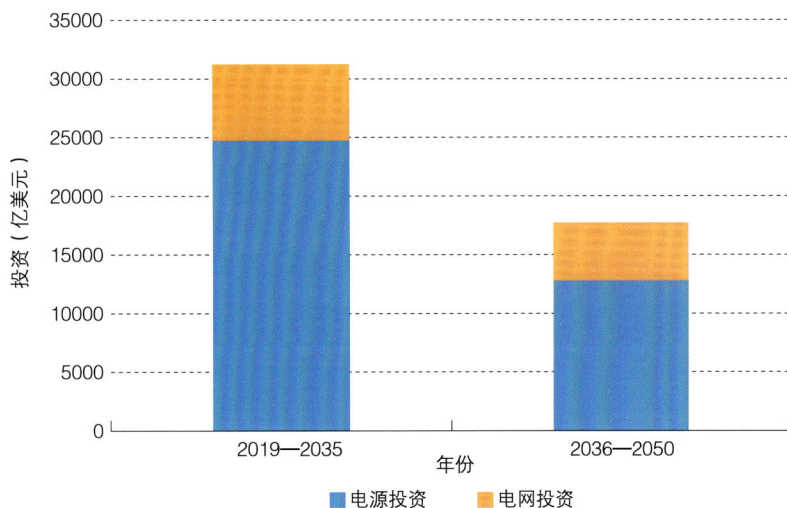

图 5-19　欧洲能源互联网投资规模与结构

2019—2035 年

欧洲能源互联网投资约 3.1 万亿美元。电源投资约 2.5 万亿美元、占比 80%，其中分布式电源投资约 1.2 万亿美元、占电源投资 50%。电网投资约 6500 亿美元、占比 20%，其中特高压电网投资约 800 亿美元，330 千伏及以上电网投资约 2000 亿美元，220 千伏及以下电网投资约 3700 亿美元。

2036—2050 年

欧洲能源互联网投资约 1.8 万亿美元。电源投资约 1.3 万亿美元、占比 72%，其中分布式电源投资约 5900 亿美元、占电源投资 46%。电网投资约 4900 亿美元、占比 28%，其中特高压电网投资约 700 亿美元，330 千伏及以上电网投资约 1500 亿美元，220 千伏及以下电网投资约 2700 亿美元。

　　2019—2050 年欧洲各区域电源与电网投资规模与结构分别如图 5-20、图 5-21 所示。

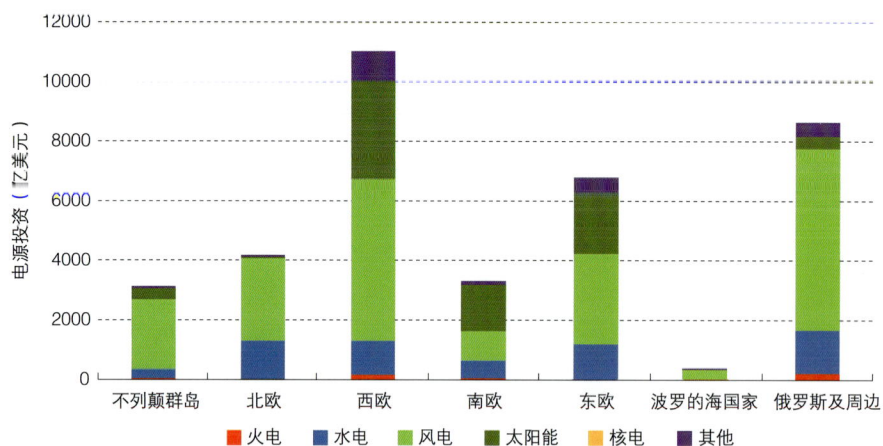

图 5-20　2019—2050 年欧洲各区域电源投资规模与结构

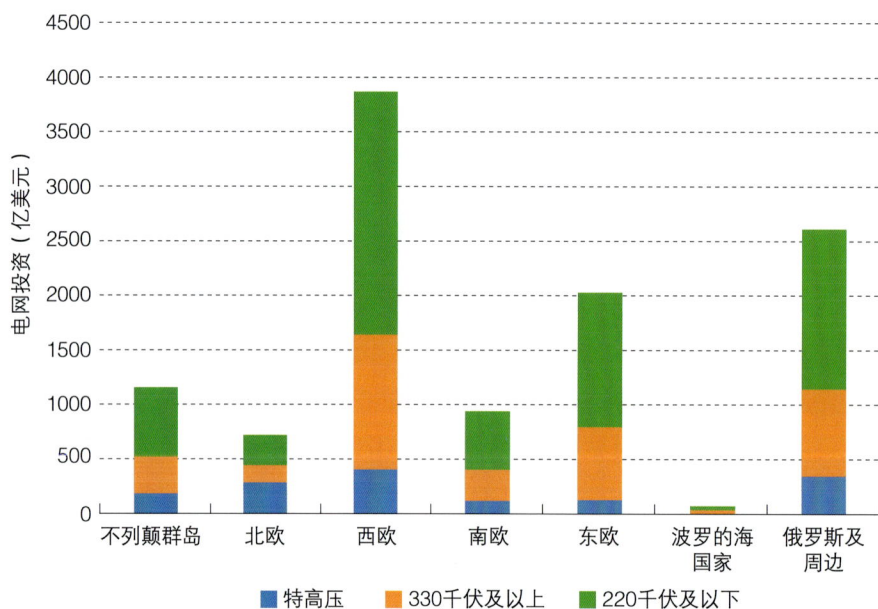

图 5-21　2019—2050 年欧洲各区域电网投资规模与结构

6
综合效益

　　欧洲能源互联网是加快推动欧洲清洁发展，实现经济发展繁荣、社会公平高效、环境清洁美好、区域深化合作的重要载体；是促进欧洲经济、社会、环境可持续发展的纽带和桥梁，具有巨大的综合效益。基于欧洲能源互联网发展的能源电力展望，统筹考虑生产、消费、投资、国际贸易等因素，采用综合效益评估模型（见附录1），系统分析欧洲能源互联网对经济社会发展的促进作用；综合考虑能源生产、传输、加工转换、终端利用对气候变化与生态环境影响，评估欧洲能源互联网环境效益；围绕促进加强区域互信基础、促进区域协同发展、提升区域一体化水平等维度，研判欧洲能源互联网政治效益。

6.1　经济效益

1　助力投资拉动，推动产业发展

　　以清洁能源开发为契机带来的电力基础设施更新与投资将成为刺激经济增长的重要手段。到 2050 年，欧洲能源互联网累计投资约 4.9 万亿美元，对经济增长的平均贡献率为 1.9%。构建欧洲能源互联网，将有力带动新能源、新材料、高端装备、智能制造、电动汽车、新型储能、节能环保、信息通信等新兴产业发展，且随着能源使用效率的提高，开发利用清洁能源，建设、运行及维护区域能源互联网等，均将促进欧洲能源等相关产业转型升级，注入经济增长活力。

2　促进资源开发，能源供给更可靠

　　建设欧洲能源互联网，大规模有序开发斯堪的纳维亚半岛的水能、北海地区的风能和南欧的太阳能资源等，提升能源消费结构，同时加速欧洲清洁能源多元发展，促进欧洲进一步清洁发展，保障能源清洁、高效和可持续供应。能源对外依存度持续下降，能源效率持续提升，能源消费强度下降 57%。

3　提升清洁能源发电量，实现绿色清洁发展

　　加快清洁能源大规模开发与高效利用，集中式开发大型清洁能源基地和分布式发展相结合，以清洁和绿色方式满足欧洲经济社会发展的能源电力需求，摆脱对化石能源的依赖，实现能源清洁永续供应。2050 年欧洲清洁能源占比 78%，清洁能源发电量占比 91%，清洁发展水平全球领先。

4　扩大洲内能源电力贸易，激励绿色金融发展

　　通过电力互联互通，构建欧洲能源电力市场，实现多途径能源电力进出口，提升区域电力的自给率，保障欧洲的电力供应和能源安全，推动经济一体化建设。开展电碳联合交易，可激励带动绿色金融发展，扩大跨国绿色电力交易规模，增加政府财政收入。2050 年，绿色电力交易规模超过 7 万亿千瓦时。通过电力及碳市场整合，将有利于增加财政收入。

6.2 社会效益

1 增加就业机会

建设欧洲能源互联网，涉及能源开发、基础设施建设、电工装备、电能替代、智能技术、新型材料、信息通信等诸多领域，将显著带动就业。欧洲能源互联网建设将全面推动各行业的发展，到 2050 年，累计创造就业岗位约 2700 万个。

2 降低能源供应成本

大规模开发利用清洁能源，扩大清洁能源优化配置范围，将有效降低能源供应成本。2050 年，欧洲平均发电成本比目前下降约 40%，效益十分显著。

3 提高电气化水平

通过构建欧洲能源互联网，加速形成电为中心的能源消费格局，2030 年前后欧洲电能超过石油成为终端第一大能源。2050 年电能在终端能源占比提高到 59%，领先全球平均水平。

6.3 环境效益

1 减少温室气体排放

化石能源利用是二氧化碳排放的主要来源，约占二氧化碳总排放量的 85%。进一步加大欧洲清洁能源开发利用力度，持续提升清洁化、电气化水平，是应对气候变化的关键。构建欧洲能源互联网，以电网互联互通加速清洁能源高效、规模化开发利用，可以实现清洁能源优化配置和快速发展。通过"清洁替代"从源头上控制温室气体排放，通过"电能替代"促进各终端部门减排，从而实现温升控制目标。至 2035 年能源系统二氧化碳年排放降至约 27 亿吨，较政策延续情景 ❶ 减少 48%，至 2050 年能源系统二氧化碳年排放进一步降至约 11 亿吨，较政策延续情景减少 82%。欧洲能源互联网碳减排效益如图 6-1 所示。

---

❶ 奥地利国际应用系统分析研究所（IIASA）发布的全球政策延续情景，该情景为各国延续现有已出台的相关政策所形成的经济、能源、电力、排放发展路径。

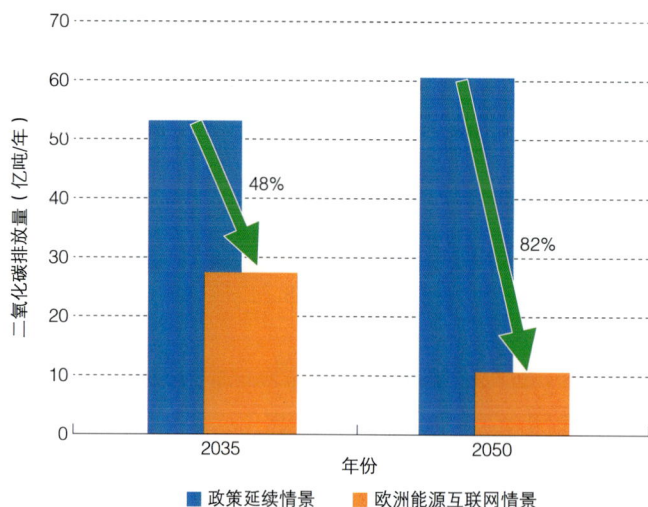

图 6-1　欧洲能源互联网碳减排效益

2　减少气候相关灾害

气候灾害主要包括干旱灾害、洪涝灾害、风灾等，是由气候原因引起的自然灾害。受气候变化影响，欧洲近年来极端高温天气发生频率升高。构建欧洲能源互联网，从源头上减少温室气体排放，减缓全球和区域气候系统的异常变化和极端事件，有效降低气候灾害发生风险；利用先进输电、智能电网技术，提升能源电力基础设施防灾能力和气候韧性，减少因气候灾害造成的经济损失和人员伤亡。

3　减少大气污染物排放

二氧化硫、氮氧化物和细颗粒物是全球三大主要空气污染物，化石能源消费是造成空气污染的重要原因。构建欧洲能源互联网，实施"清洁替代"，促进清洁能源大规模开发利用，从污染源头上直接减少化石能源生产、使用、转化全过程的空气污染物排放，实现以清洁、经济、高效方式破解"心肺之患"；实施"电能替代"，推动工业、交通、生活部门使用的煤炭、石油和天然气被清洁电力取代，减少工业废气、交通尾气、生活和取暖废气等排放，深度挖掘和释放各行业减排潜力，实现终端用能联动升级、空气污染联动治理。到 2035 年，与政策延续情景相比，每年可减少排放二氧化硫 420 万吨、氮氧化物 820 万吨、细颗粒物 100 万吨，见图 6-2。到 2050 年，与政策延续情景相比，每年可减少排放二氧化硫 680 万吨、氮氧化物 1550 万吨、细颗粒物 150 万吨，见图 6-3。

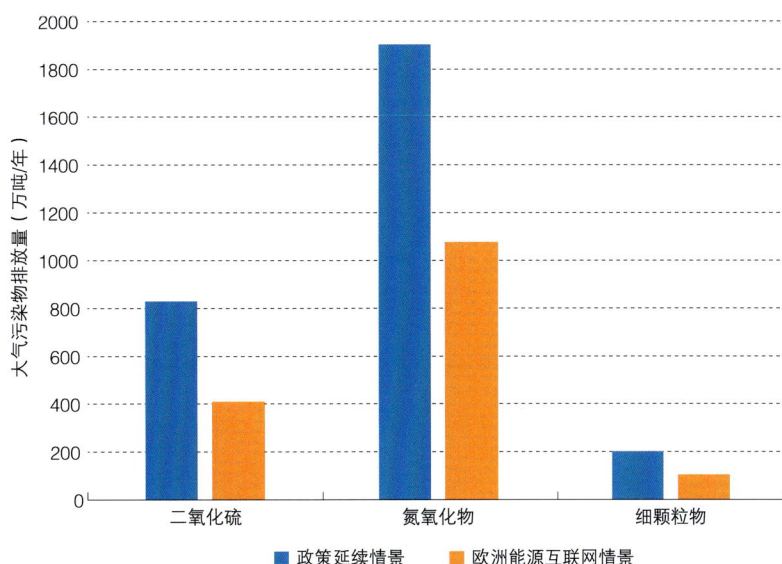

图 6-2　2035 年欧洲能源互联网大气污染物减排效益

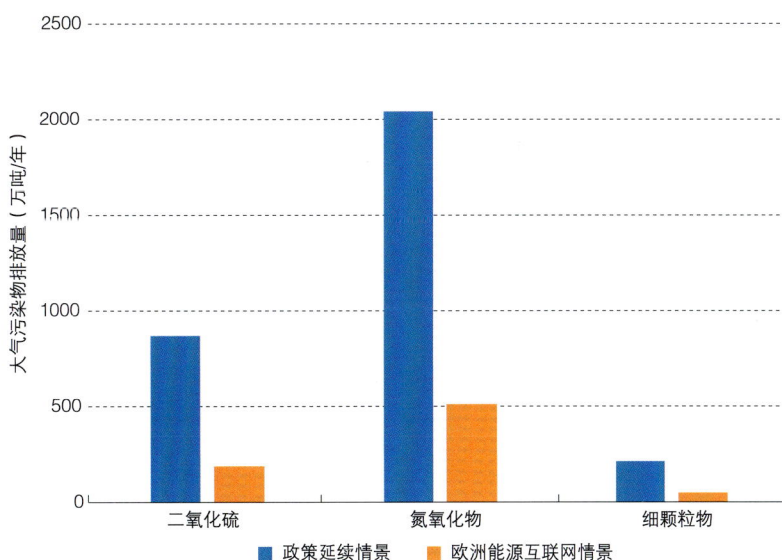

图 6-3　2050 年欧洲能源互联网大气污染物减排效益

4 提高土地资源价值

　　提高土地资源价值主要是指在荒漠化土地等人类未利用的土地上统筹开发清洁能源，提升土地经济价值，节约高价值土地的占用，实现经济社会发展与环境保护的有机结合。构建欧洲能源互联网，在土地贫瘠、清洁能源资源丰富地区开发风能、太阳能等，增加地表粗糙度和覆盖度，增加区域降水并有效降低土壤水分蒸发量，促进荒漠土地恢复；通过互联互通将荒漠地区的清洁电能送至负荷地区，将生态环境劣势转化为资源开发利用优势，通过清洁能源外送、产业结构升级、资源协同开发等综合措施推动实施植树造林、改善土壤质量和建设农业基础设施，以保护水土和恢复生态环境。与政策延续情景相比，到 2035 年，欧洲每年可提高土地资源价值

135 亿美元；到 2050 年，欧洲每年可提高土地资源价值 180 亿美元。

6.4　政治效益

1　加强区域互信基础

构建欧洲能源互联网将加强欧洲各国在能源领域的合作，通过国家间电力项目的共商、共建、共享增进区域互信，推动市场化进一步建设，为区域一体化提供强劲动力，有助于区域各国构建牢固的伙伴关系，增进区域国家间互信的基础。

2　促进区域协同发展

推进亚欧非互联促进更大范围的资源优化配置，将实现能源输出国经济利益和消费国能源安全的有机统一，为区域可持续发展提供新合力。建立以清洁发展、互联互通为核心的地区能源治理新体系，将有效缓解能源资源争夺引发的政治军事矛盾和地缘冲突风险，实现区域各国优势互补、协同发展，促进世界多极化发展。

3　提升区域一体化水平

构建欧洲能源互联网，可实现各国之间清洁能源共享、电力跨洲跨国交易，能源贸易和经济协作将有力加强区域经济一体化，同时助力非洲协同发展，保障更广大范围的经济社会繁荣稳定。

7

实现 1.5 摄氏度温控目标发展展望

构建欧洲能源互联网，通过搭建清洁能源开发、配置和使用的互联互通大平台，能够开发和利用洲内丰富的清洁能源资源和减排潜力，实现《巴黎协定》2 摄氏度温控目标，这也为欧洲和全球进一步将温升控制在 1.5 摄氏度以内提供了可行性。本章综合考虑欧洲清洁能源资源、经济产业和技术发展条件，在建设欧洲能源互联网基础上，通过在能源供应侧加快清洁替代，在能源消费侧加大电能替代力度和深度，合理应用碳捕集与封存及负排放技术，研究和提出欧洲能源互联网加快发展情景方案，促进全球实现 1.5 摄氏度温控目标。

7.1　形势要求

实现 1.5 摄氏度温控目标对于全球可持续发展和各国福祉具有重大意义。 实现 1.5 摄氏度温控目标能够确保全球气候系统风险更小，自然系统和人类系统更安全。全球 1.5 摄氏度和 2 摄氏度温升的气候特征存在巨大差异，包括陆地和海洋的平均温度、人类居住地区的极端气温、强降水与干旱概率等。相比 2 摄氏度温升，实现全球 1.5 摄氏度温升能防止 150 万～ 250 万平方千米的多年冻土区融化，生物多样性受影响比例和高风险区域面积减少一半以上，并防止海洋渔业捕捞量大量减少；全球面临气候相关风险的人口和易致贫人口的数量将减少数亿人，承受水资源缺口压力的人口占全球总人口的比例最高能下降 50%；同时气候变化带来的全球整体经济发展风险会更低，易受贫困威胁的人口比重更低。

为实现 1.5 摄氏度温控目标，欧洲亟需全面提升气候行动力度。 联合国政府间气候变化专门委员会研究表明，人类活动已导致全球温升高于工业化前水平约 1 摄氏度。如果延续现有排放趋势，2030 年前后 1.5 摄氏度目标的排放空间即将用尽，全球温升可能在 2030—2052 年间达到 1.5 摄氏度。如果要将温升控制在 1.5 摄氏度以内，全球 2018—2100 年累积二氧化碳排放量应控制在 4200 亿～ 5800 亿吨以内❶。这意味着相较 2 摄氏度目标，全球碳排放空间减少一半以上。欧洲能源需求总量和温室气体历史排放量巨大，要实现 1.5 摄氏度温控目标，各国亟需加速减排，力争 2050 年前实现净零排放。

7.2　实施路径

创新和推广各类高效、低碳能源技术，完善和强化各国低碳能源政策，持续加强区域能源合作，将有效促进欧洲加速能源清洁低碳转型，显著提升应对气候变化行动力度和减排效果。

---

❶ 数据来源：联合国政府间气候变化专门委员会，全球 1.5 摄氏度温升特别报告，2018。

7.2.1　清洁替代

能源供应侧加快清洁替代。充分利用新能源发电技术快速发展和经济性快速提升的机遇，制定更大力度支持清洁能源产业发展的政策，建立更有利于清洁能源规模化、集约化开发和大范围互补、高比例利用的机制，进一步加快水能、风能和太阳能多能互补和多国协同开发，加大生物质能开发利用，迅速提高清洁能源在欧洲能源供应中的比重，迅速降低化石能源比重和温室气体排放水平。

水能开发方面 ▶ 加快斯堪的纳维亚山脉、阿尔卑斯山脉、比利牛斯山脉水电站建设，进一步推进土耳其水能综合开发，促进俄罗斯伏尔加河、叶尼塞河、鄂毕河和勒拿河流域梯级电站集中开发、高效送出。

风能开发方面 ▶ 发挥海上风电开发技术与管理经验的领先优势，进一步加快北海大型海上风电基地建设，加大对波罗的海、挪威海、巴伦支海等海域风电开发力度；积极开发陆上风电，推进各区域陆上风电的分布式与集中式协调开发。

太阳能开发方面 ▶ 进一步加快欧洲各国分布式光伏开发，大力发展工商业建筑光伏、无储能 / 带储能居民建筑屋顶光伏；利用该地区低价值土地、废旧矿址及工厂、退役发电厂和其他大型废弃公共设施用地，推进西班牙、土耳其等欧洲南部太阳能富集地区光伏或光热集中式开发。

7.2.2　电能替代

能源消费侧深化电能替代。加大配套财政补贴和税收减免等政策力度，进一步加快电能替代相关技术研发速度，支持电气化产业发展，充分激发电能替代潜力，从而提高电能替代经济性、迅速扩大电能消费规模，推动终端用能结构以更快速度调整。

直接电能替代方面 加大电动汽车、电动机械等技术攻关和产业扶持力度，优化基础设施布局，构建新的商业模式和产业生态；加快推动动力电池、热泵等关键技术发展与突破，支持工业领域工艺创新，进一步提升直接电能替代经济效益；大力推广电锅炉、电窑炉、热泵、电钻机、电排灌等电能替代应用，激发电能替代市场活力，扩大电能替代规模。

<table>
<tr>
<td>间接电能
替代方面</td>
<td>积极发展电制氢及燃料电池、电制合成燃料和原材料等新型电气化技术；加速推进相关基础设施建设，提升电制氢、电制合成燃料生产规模及运输、配置效率；促进成本快速下降，2040 年左右在金属冶炼、长途客运／货运、航空航海等领域大规模推广应用，进一步提高电气化、清洁化水平。</td>
</tr>
</table>

7.2.3　固碳减碳

推动固碳减碳技术应用。在更大力度推动能源供应侧清洁替代和能源消费侧电能替代、减少温室气体排放的基础上，进一步通过政策支持积极推动固碳减碳技术研发和商业化、规模化应用，直接减少空气中的温室气体。

01 碳捕集技术方面

碳捕集与封存技术二氧化碳减排成本2012年已下降至60美元/吨，预计到2030年初步具备应用经济性，远期将大规模应用于电力热力生产、重工业、化工等领域。为实现1.5摄氏度温控目标，预计到2050年，80%以上的火电厂和工业碳排放源将配置碳捕集装置。

02 负排放技术方面

在发电等领域，通过生物质联合碳捕集与封存技术能够实现负排放。生物质发电和生物质燃料技术应用均已初具规模，随着碳捕集与封存技术逐渐具备大规模应用的经济性，生物质联合碳捕集与封存技术机组规模将快速扩大，实现大规模的负排放，促进深度减排。

03 森林碳汇方面

在欧洲南部等降水不足地区，通过海水淡化补充淡水资源等方式，提高各类植被覆盖面积，增加农、林、土地利用部门的固碳能力，以清洁电力促进生态修复和负排放。

7.3　情景方案

综合考虑欧洲清洁发展趋势、经济发展条件、技术创新方向、碳减排形势等方面要求，在前述章节欧洲能源互联网促进实现2摄氏度温控目标情景方案基础上，通过加快实施清洁替代、电能替代、固碳减排等方面技术，研究和提出欧洲能源互联网促进实现 1.5 摄氏度温控目标情景方案。

7.3.1　能源需求

欧洲能源供应侧清洁替代速度加快，化石能源需求提前达峰、达峰后快速下降。能源消费侧深度电能替代和能源效率提升，欧洲终端能源需求快速下降，电能占终端能源比重大幅提升。

一次能源需求

　　按发电煤耗法计算，2035年、2050年需求分别达到33.4亿、30.7亿吨标准煤，2016—2050年年均下降0.8%。化石能源需求2025年后开始快速下降，2050年下降至4.4亿吨标准煤，较2016年下降85%。欧洲清洁替代速度持续加快，清洁能源在一次能源需求结构中的比重持续提升，2035年、2050年清洁能源占一次能源比重分别提升至62%、93%，其中西欧、北欧占比较高，分别达到96%、93%，东欧、俄罗斯及周边占比相对较低，均为90%。实现1.5摄氏度温控目标的欧洲一次能源需求分品种变化情况如图7-1所示，各区域清洁能源占一次能源比重预测如图7-2所示。

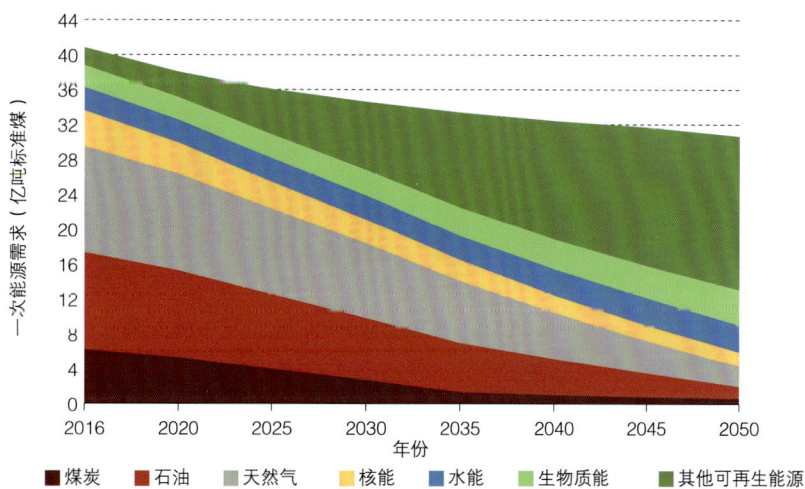

图7-1　实现1.5摄氏度温控目标的欧洲一次能源需求预测

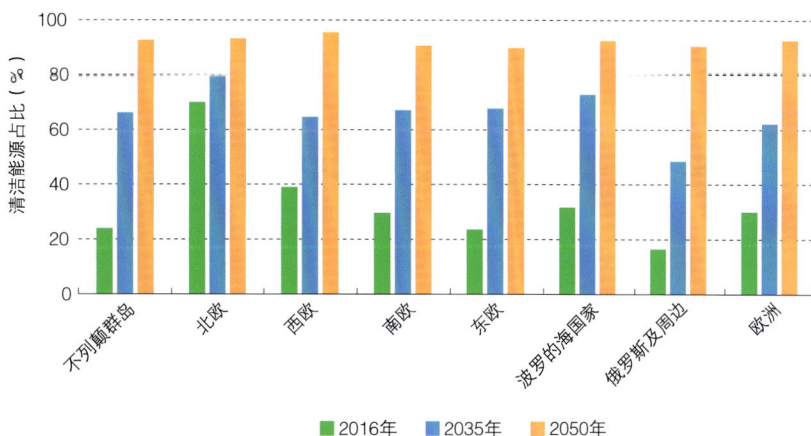

图7-2　实现1.5摄氏度温控目标的欧洲各区域清洁能源占比预测

终端能源需求

　　2016—2050 年终端能源需求持续下降，年均下降 1.2%，2035 年、2050 年终端能源需求总量分别下降至 21.7 亿、17.6 亿吨标准煤。终端化石能源需求大幅下降，2035 年、2050 年分别下降至 9.4 亿、3 亿吨标准煤。深度电能替代在终端各用能部门加快推进，预计到 2035 年和 2050 年，电能占终端能源比重分别达到 44% 和 75%，工业、交通、建筑部门电能占比分别达到 46% 和 71%、18% 和 64%、50% 和 81%。实现 1.5 摄氏度温控目标的欧洲终端能源需求分品种与电能占终端能源比重变化趋势如图 7-3 所示，终端各部门电能占比预测如图 7-4 所示。

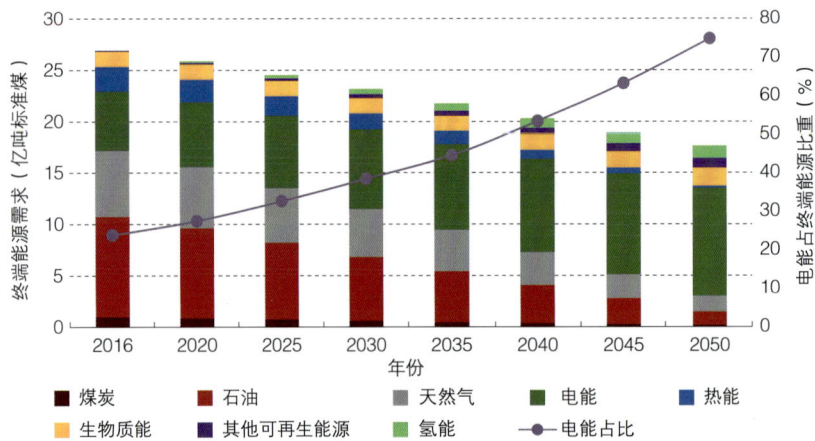

图 7-3　实现 1.5 摄氏度温控目标的欧洲终端能源需求预测

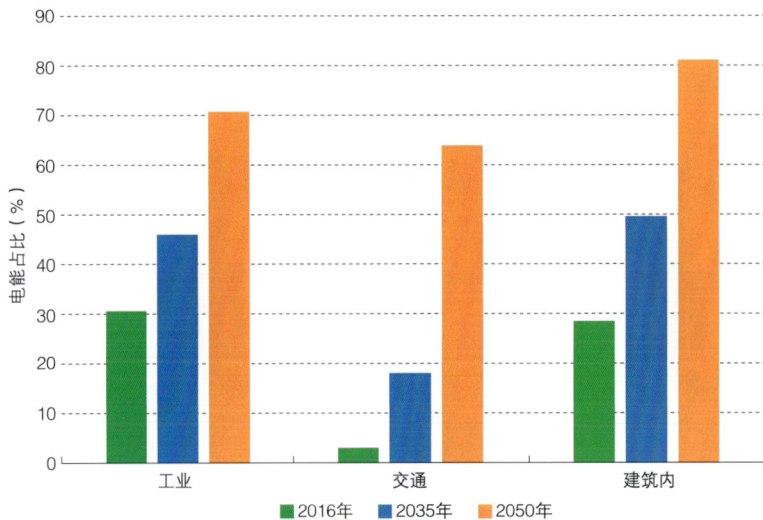

图 7-4　实现 1.5 摄氏度温控目标的欧洲终端分部门电能占比预测

7.3.2 电力需求

电力需求总量

2035 年,欧洲总用电量约 7.1 万亿千瓦时,年均增速 2.2%;最大负荷约 12.2 亿千瓦,年均增速 2.3%;年人均用电量 8600 千瓦时。2050 年,欧洲总用电量约 9.4 万亿千瓦时,年均增速 1.9%;最大负荷约 16.4 亿千瓦,年均增速 2%。实现 1.5 摄氏度温控目标的欧洲电力需求预测如图 7-5 所示。

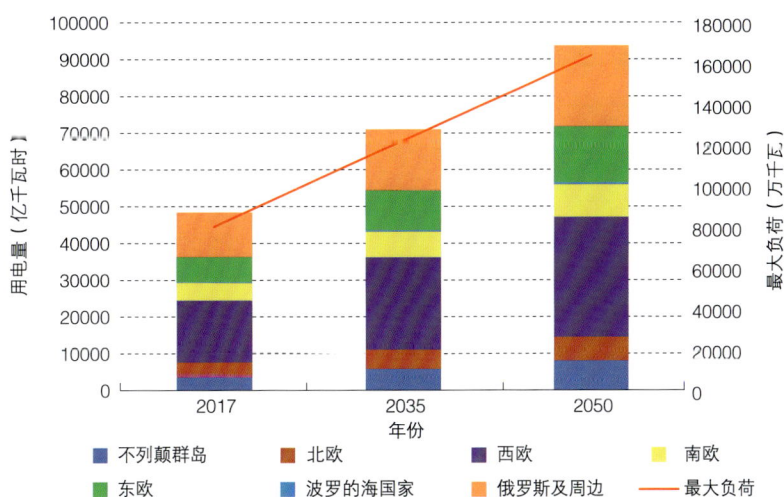

图 7-5 实现 1.5 摄氏度温控目标的欧洲电力需求预测

人均用电量

欧洲年人均用电量从 2017 年的 5885 千瓦时,增加至 2035 年的 8600 千瓦时、2050 年的 1.2 万千瓦时。北欧年人均用电量持续保持最高水平,2035 年、2050 年分别为 1.8 万、2.1 万千瓦时。2050 年西欧、南欧、波罗的海国家、俄罗斯及周边年人均用电量达到 1 万千瓦时以上,不列颠群岛、东欧年人均用电量分别为 9897、8782 千瓦时。实现 1.5 摄氏度温控目标的欧洲各区域人均用电量预测如图 7-6 所示。

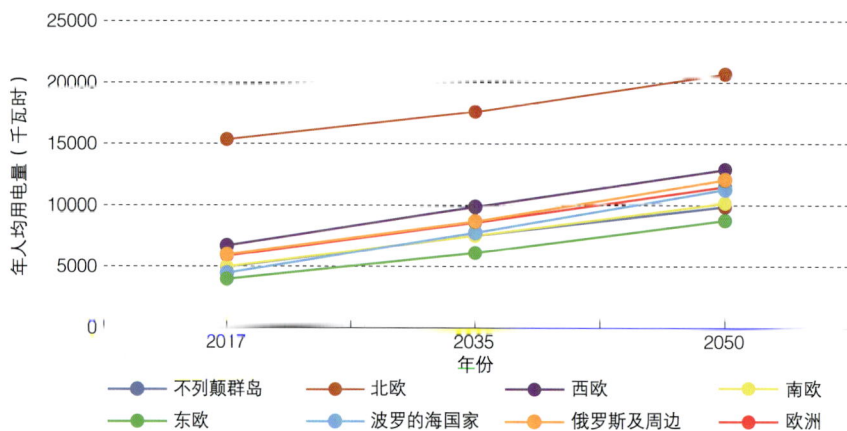

图 7-6 实现 1.5 摄氏度温控目标的欧洲各区域人均用电量预测

分区域用电情况

2050 年，不列颠群岛、北欧、西欧、南欧、东欧、波罗的海国家和俄罗斯及周边用电量分别为 8035 亿、6424 亿、3.3 万亿、8782 亿、1.5 万亿、573 亿、2.2 万亿千瓦时，分别占总用电量的 8.6%、6.9%、34.9%、9.4%、16.4%、0.6%、23.4%。实现 1.5 摄氏度温控目标的欧洲各区域用电量占比如图 7-7 所示。

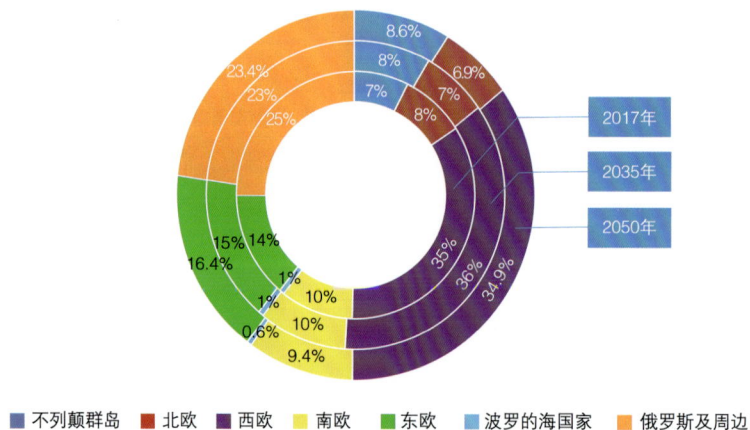

图 7-7 实现 1.5 摄氏度温控目标的欧洲各区域用电量占比

7.3.3 电力供应

欧洲清洁能源装机占比进一步提高。实现 1.5 摄氏度温控目标的欧洲电源装机容量展望如图 7-8 所示，装机结构如图 7-9 所示。

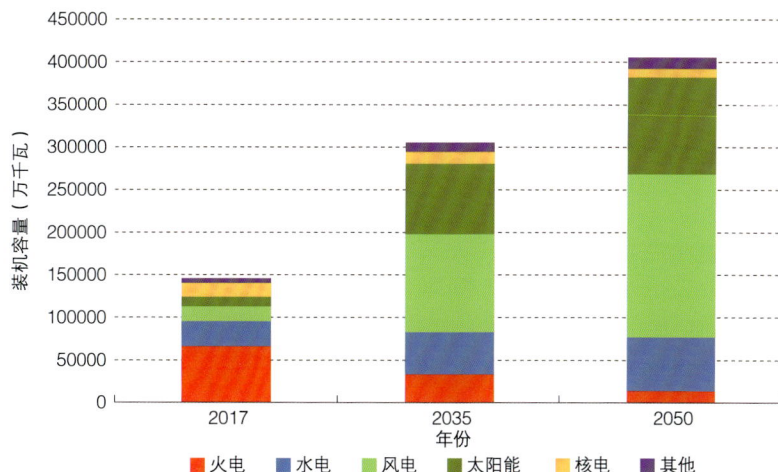

图 7-8　实现 1.5 摄氏度温控目标的欧洲电源装机容量展望

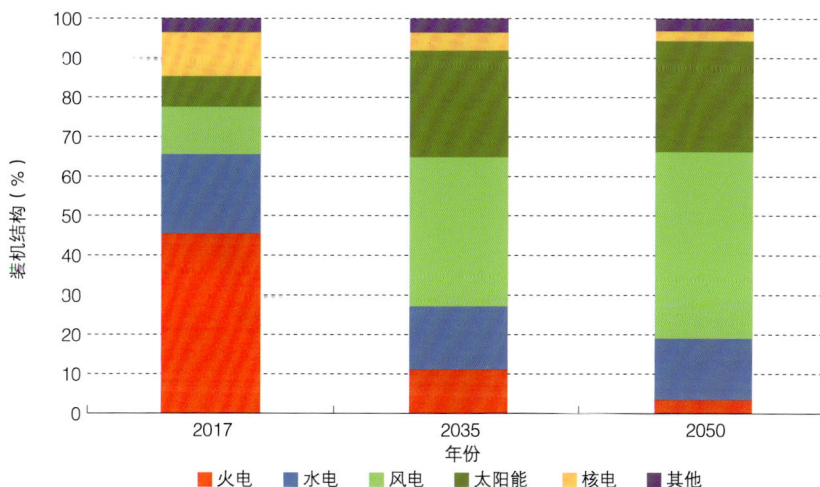

图 7-9　实现 1.5 摄氏度温控目标的欧洲电源装机结构

2035 年， 欧洲电源总装机容量 30.7 亿千瓦，其中清洁能源装机容量 27.3 亿千瓦，占比由 2017 年的 54.5% 提升至 89%。风电装机容量 11.6 亿千瓦，占比 38%；太阳能发电装机容量 8.3 亿千瓦，占比 27%；水电装机容量 4.9 亿千瓦，占比 16%；核电装机容量 1.4 亿千瓦，占比 5%。化石能源总装机容量 3.4 亿千瓦，占比由 2017 年的 45.5% 大幅下降至 11%。

2050 年， 欧洲电源总装机容量 40.5 亿千瓦，其中清洁能源装机容量 39.2 亿千瓦，占比提升至 97%。风电装机容量 19.1 亿千瓦，占比 47%；太阳能发电装机容量 11.4 亿千瓦，占比 28%；水电装机容量 6.3 亿千瓦，占比 16%；核电装机容量 1 亿千瓦，占比 3%。化石能源总装机容量进一步下降至 1.4 亿千瓦。

2035 年， 欧洲清洁能源发电量 6.3 万亿千瓦时，占比由 2017 年的 52% 提高到 87%。风电、太阳能发电量分别为 2.7 万亿千瓦时和 1.1 万亿千瓦时，占比由 2017 年的 8% 和 2% 提高到 38% 和 16%。水电发电量 1.1 万亿千瓦时，占比 15%。核电发电量约 0.9 万亿千瓦时，占比 12%。火电发电量 0.9 万亿千瓦时，由 2017 年的 48% 降至 13%。

2050 年，欧洲清洁能源发电量 9.2 万亿千瓦时，占比提高到 97%。风电、太阳能发电量分别为 5.1 万亿千瓦时和 1.5 万亿千瓦时，占比提高到 53% 和 16%。水电发电量约 1.3 万亿千瓦时，占比降至 14%。核电发电量约 0.6 万亿千瓦时，占比 7%。火电发电量 0.3 万亿千瓦时，占比降至 3%。

分区域看，到 2050 年，不列颠群岛、北欧、西欧、南欧、东欧、波罗的海国家、俄罗斯及周边装机占比分别为 7.5%、7.8%、32.4%、9.9%、15.8%、0.7% 和 25.9%。俄罗斯及周边火电装机占比由 2016 年的 70% 下降到 8%，其余各区域的火电装机占比均比较低，在 1% ~ 3% 范围内；不列颠群岛、北欧、波罗的海国家、俄罗斯及周边电力装机容量以风电为主。实现 1.5 摄氏度温控目标的 2050 年欧洲各区域装机占比如图 7-10 所示，各区域装机结构如图 7-11 所示。

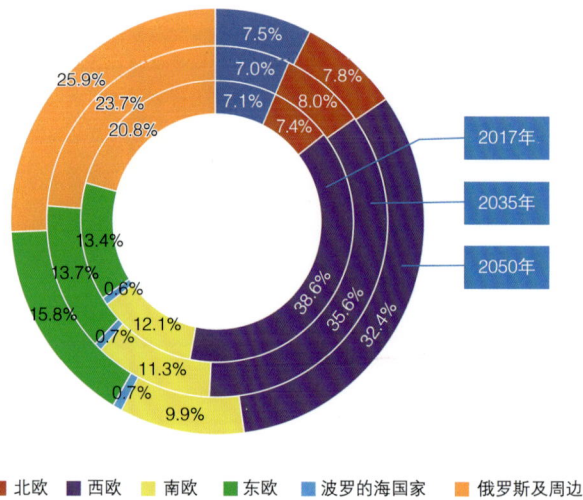

图 7-10 实现 1.5 摄氏度温控目标的 2050 年欧洲各区域电源装机占比

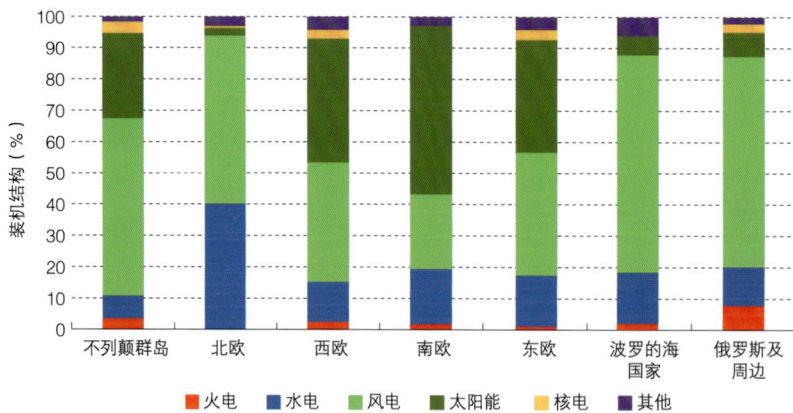

图 7-11 实现 1.5 摄氏度温控目标的 2050 年欧洲各区域装机结构

分国家看，俄罗斯、德国、土耳其、法国、西班牙、英国、意大利装机容量列前 7 位，2050 年装机容量分别达到 8.9 亿、4 亿、3.2 亿、3 亿、2.9 亿、2.8 亿、2.7 亿千瓦，占比分别为 21.9%、9.9%、7.9%、7.5%、7.1%、6.8%、6.7%。各国具体电源装机结构差异较大。实现 1.5 摄氏度温控目标的 2050 年欧洲主要国家装机占比如图 7-12 所示。

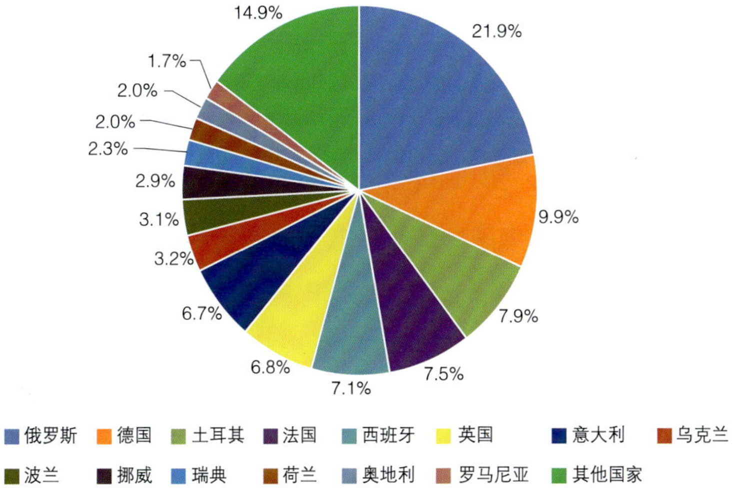

图 7-12　实现 1.5 摄氏度温控目标的 2050 年欧洲主要国家装机占比

7.3.4　电网互联

进一步加强大型清洁能源基地送出通道建设，扩大北欧、北非、中亚等大型清洁能源基地开发外送。加强跨洲跨区互联规模，2050 年跨洲跨区电力流规模达到 1.57 亿千瓦，其中跨洲电力流达到 9100 万千瓦，跨区电力流达到 6600 万千瓦。跨洲跨区，新增摩洛哥—西班牙、突尼斯—法国、哈萨克斯坦—罗马尼亚、挪威—荷兰等输电工程。各区域内，加强国家间和国内交流电网建设，提升清洁能源送出和消纳能力。实现 1.5 摄氏度温控目标的欧洲电力流如图 7-13 所示。

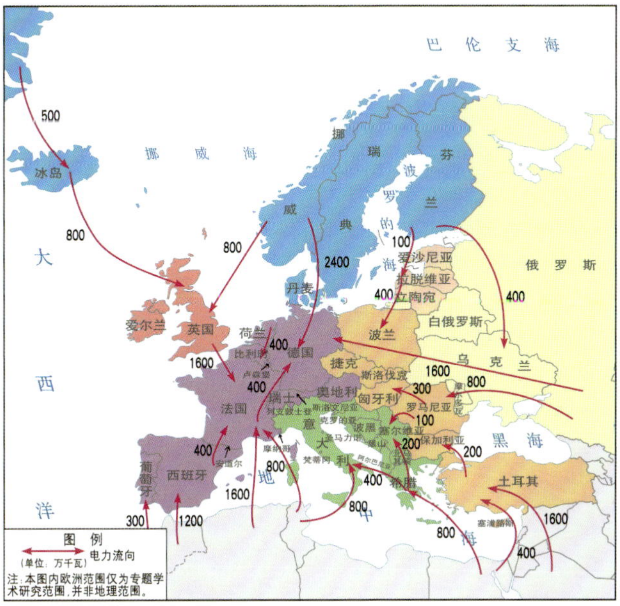

图 7-13　实现 1.5 摄氏度温控目标的欧洲电力流示意图

7.3.5 比较分析

实现《巴黎协定》全球 1.5 摄氏度温控目标可显著降低气候变化风险，对人类和生态系统产生更大效益，同时也对世界各国能源低碳转型和高比例清洁能源系统构建提出了更高要求。欧洲能源消费总量和温室气体历史排放量巨大，需要发挥科技优势，推动供应侧高比例清洁替代、消费侧深度电能替代和采用先进成熟的新技术；进一步加快能源转型，压减化石能源消费，加快构建零碳能源系统，助力实现 1.5 摄氏度温控目标。

着眼于助力实现全球 1.5 摄氏度温控目标，欧洲需要针对应对气候变化长期目标的挑战，进一步加大清洁低碳发展力度，持续提升清洁化、电气化水平，提高电网互联规模。与助力实现全球 2 摄氏度温控目标相比，进一步压减化石能源，2050 年一次能源中化石能源需求减少 53%；提升清洁能源开发比例，2050 年清洁能源电源装机容量增加 10%；加快电能替代，2050 年电能占终端能源比重提升约 16 个百分点；加强电网互联互通，跨洲跨区电力流增加 2400 万千瓦；加大投资力度，到 2050 年清洁能源开发和电网建设投资累计增加 10%。2 摄氏度和 1.5 摄氏度情景下欧洲能源电力分析比较如图 7-14 所示。

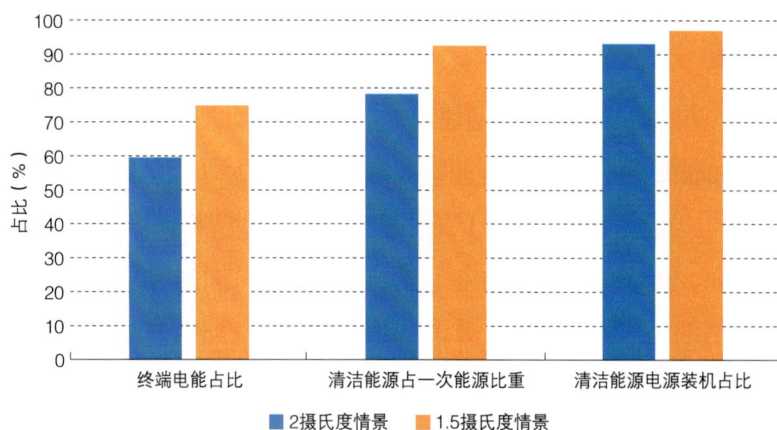

图 7-14　2 摄氏度和 1.5 摄氏度情景下欧洲能源电力分析比较

结　　语

　　构建欧洲能源互联网是欧洲能源领域的重大创新，是加快欧洲能源变革转型，实现欧洲经济、社会、环境协调可持续发展的系统方案。欧洲能源互联网能够实现优质清洁能源资源大范围共享，保障能源电力清洁、安全、经济、高效供应，促进清洁能源技术创新，推动新一轮技术和产业革命，助力欧洲持续引领全球能源清洁转型，开启欧洲可持续发展新篇章。

　　构建欧洲能源互联网是一项宏伟的事业，也是复杂的系统工程，涉及技术、经济、政治等多方面。需要全球各有关方面秉持共商、共建、共享、共赢原则，凝聚广泛智慧，开展务实合作，形成强大合力。未来需要在以下几方面共同努力。**一是扩大合作共识**，促进各国政府、能源企业、行业组织、社会团体等形成广泛共识，建立促进清洁发展和互联互通的合作框架和工作机制，出台激励支持政策，建立跨洲跨国能源电力市场和交易机制。**二是加强规划统筹**，发挥规划统领作用，强化顶层设计，加强各国家和地区发展规划统筹，推动产业链上下游协同联动，促进欧洲能源互联网与各国能源电力发展深入对接。**三是强化技术创新**，发挥创新驱动的关键作用，整合有关企业和研究机构的技术优势，加强高效清洁发电、先进输电、大规模储能和智能控制等方面关键技术装备的攻关和推广应用，推动建立技术标准协同体系。**四是推动项目突破**，加强商业模式和投融资方式研究创新，尽快推动一批经济性好、示范性强的清洁能源和电网互联互通项目落地实施。

　　构建欧洲能源互联网，符合欧洲各国共同利益，前景广阔、大有可为。衷心希望有关各方携手努力、密切协作，大力推动欧洲能源互联网建设，促进欧洲可持续发展，共创全人类更加美好的明天！

附录1 研究方法与模型

1.1 总体框架

全球能源互联网研究以实现绿色清洁方式满足能源需求为目标，统筹考虑经济、社会、气候／环境和资源等因素，重点开展能源电力供需预测、电网互联方案研究和综合效益分析等。总体研究框架如附图 1-1 所示。

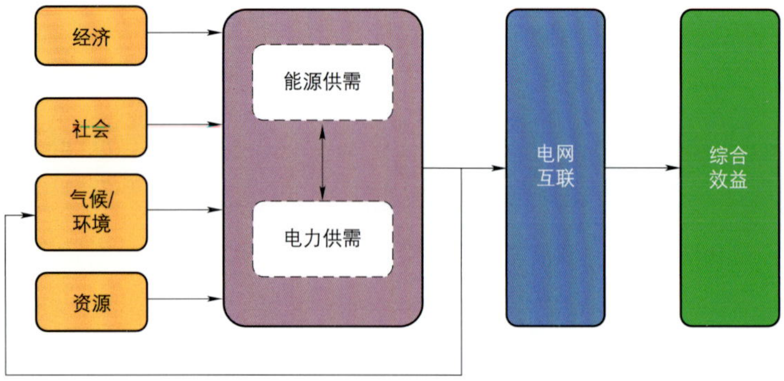

附图 1-1　全球能源互联网研究框架

1.2 主要模型

1.2.1 能源电力需求预测模型

能源电力需求预测模型是基于全球能源电力系统的复杂性以及能源电力转型的多目标导向，按照"自上而下"和"自下而上"相辅相成的思路，采用"模拟"与"优化"相结合方法，形成适用于中长期能源电力需求预测模型，如附图 1-2 所示。

"自上而下"是从宏观到微观，分析宏观经济发展对能源需求的影响；"自下而上"是从微观到宏观，分析各部门能源技术进步、效率提升、环境约束、能源政策等因素对能源需求的影响，预测能源消费强度、能源总体结构等。根据能源服务需求、能源消费强度等预测结果，采用回归分析、趋势外推、增长曲线等"模拟"方法，结合多目标或单目标"优化"模型实现终端能源电力需求预测。最后，考虑发电、供热、炼油等加工转换环节效率，计算全球／区域分品种一次能源需求。

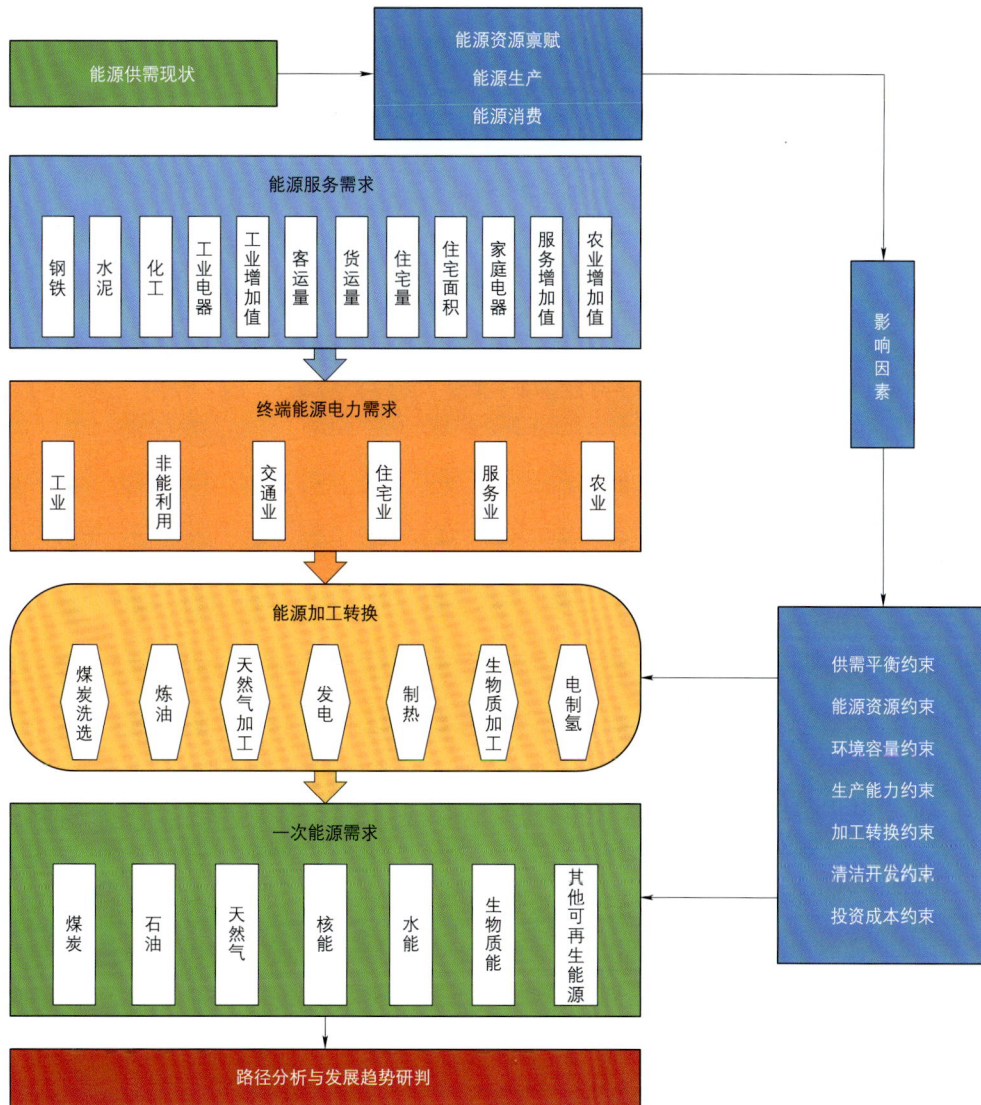

附图 1-2　能源电力需求预测模型

1.2.2　电源装机规划模型

电源装机规划模型主要以规划期内包括建设成本、运行维护成本和燃料成本等全社会总成本最低为目标，以能源政策、环境约束、能源资源、电力电量平衡等为约束条件，通过优化求解得到规划水平年装机规模、各类装机构成、开发时序、碳排放等，如附图 1-3 所示。

1.2.3　清洁能源资源评估模型

水能、太阳能和风能资源的开发利用是构建全球能源互联网的核心内容之一。清洁能源资源评估模型主要包括水能和风光能源资源评估模型，通过资源数据、数值模拟和算法研究得出评估指标，如附图 1-4 所示。评估指标主要有理论蕴藏量和技术可开发量，结合具体建设条件可以形成大型基地的初步开发方案。

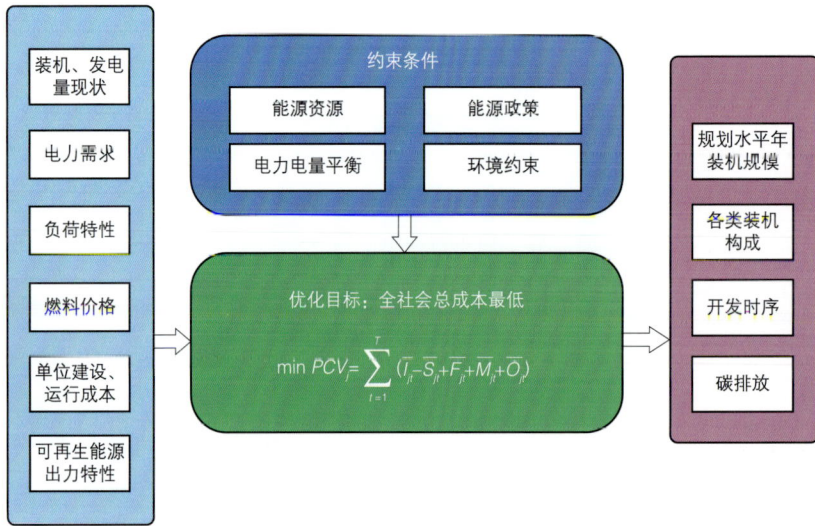

附图 1-3　电源装机规划模型

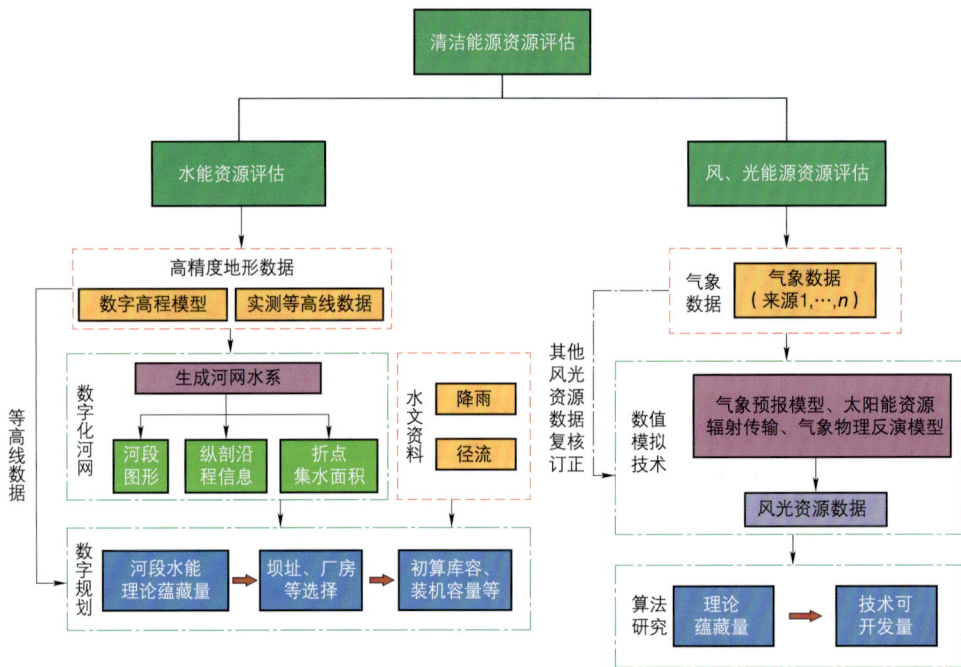

附图 1-4　清洁能源资源评估模型

理论蕴藏量：水能理论蕴藏量以高精度地形数据为基础，通过填洼、流向、流量分析生成数字化河网。数字化河网具有完整的河网拓扑结构，可提取河段的矢量图形；河段长度、落差、比降等纵剖沿程信息；河段折点处的集水面积。结合流域降雨、河流径流等水文数据可计算每个河段的水能理论蕴藏量。风光资源的理论蕴藏量评估目前常用的有两种方法，一是观测资料法，利用风电场 / 光伏电站旁边气象站的长期观测资料，评估该地区资源理论蕴藏量。二是数值模拟法，利用卫星观测数据及气象数据，建立气象数值模型来模拟地面大气运行过程和地形对大气运动的作用，求得气候资源在空间上的分布趋势和给定区域内风光资源的分布状况。开展全球范围的风、光资源评估，主要采用数值模拟方法，该方法具有数据来源统一、覆盖范围完整的优势，在一些重点国家和局部地区，可以辅以地面气象站观测数据进行复核和订正。

技术可开发量： 卫星遥感、大数据和智能算法的推广应用，为开展全球范围的水电、风电和光伏发电资源精细化评估创造了条件。以地形等高线数据为基础，结合城镇分布、人口分布、交通设施、自然保护区、已建梯级等选址辅助数据，可确定水电站坝址、厂房等位置。根据位置信息可初拟水电站特征水位、计算库容、装机容量等水能参数。在风、光资源条件基础上，结合地理高程信息可以考虑地形、地貌的影响，结合地物覆盖，也就是耕地、森林分布信息，再加上各类自然保护区可以考虑人类活动的影响，结合断层、岩层可以考虑地质条件的影响，准确测算可开发利用的有效土地面积，再结合发电技术装备参数，计算技术可开发量。

1.2.4　综合效益评估模型

综合效益评估模型以 GTAP-E 模型为基础，通过在生产模块中新增能源替代特性，并进一步在算法、福利分解等方面进行修改，全面评估全球能源互联网经济社会效益，如附图 1-5 所示。包括生产模块、消费模块和国际贸易模块，详细刻画了各地区生产者、家庭和政府等主要经济主体的行为方式，构建了能够反映区域经济运行的均衡体系。模型在 GTAP-E 基础上，

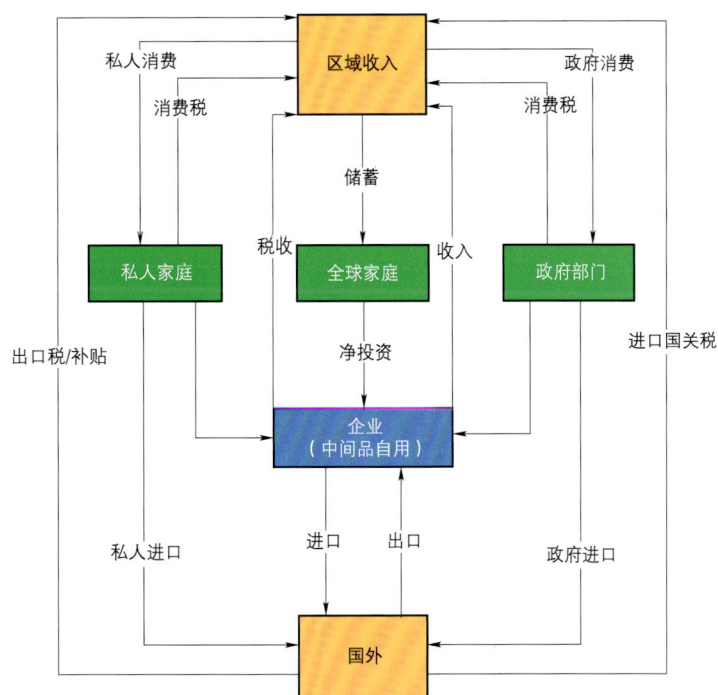

附图 1-5　综合效益评估模型框架

通过整合 GTAP-Power 数据库，扩展了 GTAP-E 原有的要素－能源嵌套结构，充分反映全球能源互联网的清洁替代和电能替代特点，如附图 1-6 所示。在区域和产业划分过程中，结合全球能源互联网布局和全球电力贸易流格局，全面评估清洁发展、电能替代和电力贸易等对全球经济活动的影响。

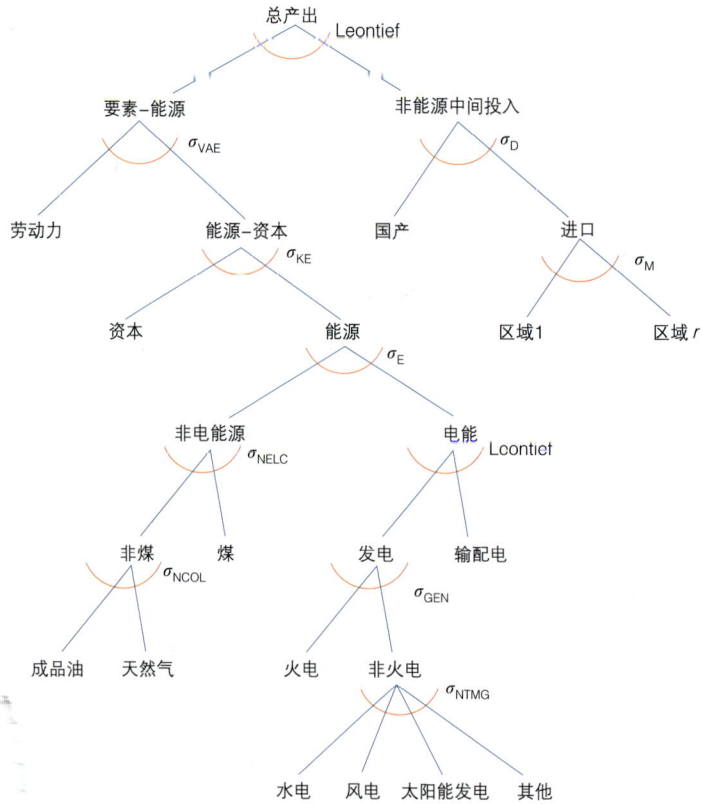

附图 1-6　生产模块嵌套结构

附录 2　基础数据表

附表 2-1　欧洲经济社会概况

国家/地区	人口（万人）	GDP 总量（亿美元）	GDP 增长率（%）	人均 GDP（美元）	出口额（亿美元）	进口额（亿美元）	碳排放（百万吨）	电力普及率
英国	6673	26379	1.8	39932	7948	8256	371.1	100%
爱尔兰	475	3314	7.2	68942	3973	2967	36.9	100%
挪威	530	3995	2.0	75704	1447	1321	35.5	100%
瑞典	990	5356	2.1	53253	2429	2231	38.0	100%
芬兰	551	2523	2.7	45805	972	964	45.5	100%
丹麦	573	3299	2.3	57219	1799	1565	33.5	100%
冰岛	33	245	4.6	71315	113	103	2.1	100%
法国	6484	25863	2.3	38679	7971	8245	292.9	100%
荷兰	1702	8306	2.9	48483	6890	5998	157.1	100%
比利时	1142	4949	1.7	43507	4244	4187	91.6	100%
卢森堡	59	623	1.5	104499	1390	1183	8.5	100%
西班牙	4665	13143	3.0	28208	4510	4127	238.6	100%
葡萄牙	1029	2193	2.8	21291	936	919	47.4	100%
德国	8266	36932	2.2	44681	17376	14583	731.6	100%
奥地利	882	4168	2.6	47381	2240	2111	62.9	100%
瑞士	846	6790	1.6	80333	4407	3680	37.9	100%
意大利	6067	19466	1.7	32155	6066	5500	325.7	100%
斯洛文尼亚	208	485	4.9	23450	402	354	13.6	100%
塞尔维亚	883	441	2.0	6284	223	252	45.5	100%
阿尔巴尼亚	288	130	3.8	4533	41	61	3.7	100%
波黑	335	181	3.2	5395	72	102	22.0	100%
希腊	1057	2031	1.5	18883	670	691	63.1	100%
克罗地亚	418	552	2.9	13384	282	270	15.9	100%
黑山	63	48	4.7	7784	20	31	2.1	100%
北马其顿	208	113	0.2	5418	62	78	6.9	100%
波兰	3795	5264	4.8	13861	2860	2640	293.1	100%
捷克	1064	2159	4.4	20380	1721	1559	101.4	100%
斯洛伐克	545	956	3.2	17579	926	897	30.2	100%

续表

国家 / 地区	人口 （万人）	GDP 总量 （亿美元）	GDP 增长率 （%）	人均 GDP （美元）	出口额 （亿美元）	进口额 （亿美元）	碳排放 （百万吨）	电力普及率
匈牙利	973	1398	4.1	14279	1233	1128	43.9	100%
罗马尼亚	1965	2114	7.0	10793	878	923	67.9	100%
保加利亚	710	582	3.8	8228	392	371	40.5	100%
塞浦路斯	118	221	4.5	25761	143	151	6.3	100%
土耳其	8112	8515	7.4	10500	2112	2497	338.8	100%
爱沙尼亚	132	266	4.9	20200	204	192	16.4	100%
拉脱维亚	195	305	4.6	15685	186	186	6.8	100%
立陶宛	285	475	4.1	16810	385	371	10.8	100%
俄罗斯	14553	15786	1.6	10751	4113	3269	53.1	100%
白俄罗斯	945	547	2.5	5762	366	364	53.1	100%
乌克兰	4449	1122	2.5	2641	539	625	197.7	100%
摩尔多瓦	406	97	4.7	2724	30	53	7.7	100%

　　注　本表人口数据来自联合国，碳排放数据来自 IEA，其他数据来自世界银行，其中碳排放为 2016 年数据，其余均为 2017 年数据。

附表 2-2　欧洲能源发展现状与展望

地区	一次能源需求 （亿吨标准煤）			清洁能源占一次能源比重 （%）			终端能源需求 （亿吨标准煤）			电能占终端能源比重 （%）		
	2016	2035	2050	2016	2035	2050	2016	2035	2050	2016	2035	2050
不列颠群岛	2.9	2.5	2.5	24	60	86	2.0	1.6	1.3	23	47	72
北欧	2.4	2.1	2.0	70	73	90	1.4	1.3	1.1	38	51	74
西欧	13.7	11.4	10.4	39	60	84	9.1	7.2	5.9	25	45	67
南欧	3.4	3.1	2.8	30	60	82	2.4	1.9	1.5	25	44	64
东欧	5.6	5.8	5.8	24	60	76	3.8	3.8	3.5	23	36	52
波罗的海国家	0.2	0.3	0.2	32	66	80	0.2	0.2	0.2	20	30	39
俄罗斯及周边	12.6	10.8	9.5	16	35	65	8.0	7.5	5.9	19	31	48

　　注　本表数据根据国际能源署（IEA）数据估算。

附表 2-3   欧洲电力发展现状与展望

国家 / 地区	2017				2035				2050			
	用电量（亿千瓦时）	年人均用电量（千瓦时）	总装机容量（万千瓦）	人均装机容量（千瓦）	用电量（亿千瓦时）	年人均用电量（千瓦时）	总装机容量（万千瓦）	人均装机容量（千瓦）	用电量（亿千瓦时）	年人均用电量（千瓦时）	总装机容量（万千瓦）	人均装机容量（千瓦）
英国	3248	4908	9256	1.4	5051	7025	19050	2.7	6418	8514	26170	3.5
爱尔兰	282	5922	1051	2.2	462	8595	2395	4.5	565	9741	2740	4.7
挪威	1337	25201	3333	6.3	1536	24801	9019	14.6	1770	26019	11175	16.4
瑞典	1399	14116	3904	3.9	1703	15567	7613	7.0	1997	17180	9250	8.0
芬兰	855	15480	1578	2.9	936	16172	3677	6.4	998	17010	5048	8.6
丹麦	341	5947	269	0.5	529	8652	3815	6.2	666	10540	4436	7.0
冰岛	186	55518	1673	49.9	275	73411	1465	39.1	358	91805	1708	43.8
法国	4820	7418	13073	2.0	6607	9595	21432	3.1	8059	11414	29157	4.1
荷兰	1154	6774	3198	1.9	1674	9463	6770	3.8	2041	11650	7945	4.5
比利时	848	7420	2158	1.9	1088	8951	5240	4.3	1271	10178	5620	4.5
卢森堡	65	11141	174	3.0	98	13894	459	6.5	126	15844	550	6.9
西班牙	2681	5784	10452	2.3	4552	9925	21900	4.8	5759	12973	27550	6.2
葡萄牙	106	4802	1980	1.9	758	7821	2687	2.8	876	9739	3476	3.9
德国	5387	6560	20823	2.5	7428	9088	31204	3.8	8521	10753	38077	4.8
奥地利	723	8277	2503	2.9	949	10582	5766	6.4	1119	12609	7015	7.9
瑞士	634	7480	1762	2.1	878	9334	4486	4.8	1051	10639	5426	5.5
意大利	3204	5398	1331	2.2	4394	7638	22516	3.9	5335	9684	24731	4.5
斯洛文尼亚	142	6827	382	1.8	173	8486	506	2.5	181	9325	921	4.7
塞尔维亚	396	4505	849	1.0	456	5595	1866	2.3	464	6230	2323	3.1
阿尔巴尼亚	71	2423	193	0.7	116	4018	462	1.6	143	5353	660	2.5
波黑	126	3593	398	1.1	176	5287	825	2.5	195	6383	1105	3.6
希腊	519	4651	1639	1.5	804	7565	3549	3.3	914	9162	4286	4.3
克罗地亚	179	4273	478	1.1	252	6645	1618	4.3	284	8195	1828	5.3
黑山	34	5406	95	1.5	38	6155	221	3.6	40	6747	221	3.8
北马其顿	72	3456	189	0.9	112	5453	787	3.8	137	7100	1040	5.4
波兰	1593	4173	3939	1.0	2303	6453	9318	2.6	2537	7834	11698	3.6
捷克	663	6244	2085	2.0	896	8620	2603	2.5	995	9895	4020	4.0
斯洛伐克	286	5250	772	1.4	397	7494	1516	2.9	434	8738	2294	4.6
匈牙利	419	4310	857	0.9	576	6401	1612	1.8	615	7428	1872	2.3
罗马尼亚	568	2886	1996	1.0	985	5481	3545	2.0	1235	7535	6646	4.1

续表

国家/地区	2017				2035				2050			
	用电量（亿千瓦时）	年人均用电量（千瓦时）	总装机容量（万千瓦）	人均装机容量（千瓦）	用电量（亿千瓦时）	年人均用电量（千瓦时）	总装机容量（万千瓦）	人均装机容量（千瓦）	用电量（亿千瓦时）	年人均用电量（千瓦时）	总装机容量（万千瓦）	人均装机容量（千瓦）
保加利亚	344	4856	1207	1.7	427	6939	1535	2.5	475	8756	2395	4.4
塞浦路斯	48	4069	176	1.5	82	6231	495	3.8	124	8966	583	4.2
土耳其	3046	3617	8520	1.1	4639	5103	20732	2.3	7150	7477	31457	3.3
爱沙尼亚	85	6490	283	2.2	117	9588	543	4.4	141	12337	640	5.6
拉脱维亚	73	3744	293	1.5	114	6781	1009	6.0	141	9318	1129	7.4
立陶宛	117	4048	351	1.2	179	6779	770	2.9	223	9286	964	4.0
俄罗斯	10398	7221	23987	1.7	12718	9211	56911	4.1	14765	11124	83361	6.3
白罗斯	317	3354	1014	1.1	472	5251	1235	1.4	548	6393	1545	1.8
乌克兰	1333	3015	5179	1.2	2143	5372	6500	1.6	2679	7356	10480	2.9
摩尔多瓦	46	1138	48	0.1	73	1953	367	1.0	92	2795	529	1.6

注 2017 年数据来自欧洲输电运营商联盟（ENTSO-E）、美国能源信息署（EIA）。

附表 2-4 欧洲电源装机结构现状与展望

单位：万千瓦

国家/地区	火电			水电			风电			太阳能			核电			生物质发电		
	2017	2035	2050	2017	2035	2050	2017	2035	2050	2017	2035	2050	2017	2035	2050	2017	2035	2050
英国	4614	3300	2110	382	1150	2010	1835	9800	14000	1290	3000	6500	925	1500	1100	210	300	450
爱尔兰	621	320	0	53	145	240	308	1400	1750	0	500	700	0	0	0	0	30	50
挪威	45	250	0	3166	5284	7050	108	3400	4000	1	60	100	0	0	0	1	25	25
瑞典	375	365	0	1630	3250	3550	669	3500	5200	0	200	200	859	0	0	315	298	300
芬兰	761	360	0	1	731	1051	550	1900	3500	91	120	151	0	400	180	135	166	167
丹麦	1	360	0	197	385	475	0	2550	3400	0	240	261	0	0	0	0	280	300
冰岛	666	70	0	315	305	568	191	970	990	0	0	0	278	0	0	181	0	0
法国	1895	4000	1600	2379	3832	5632	1354	5000	10250	765	4000	8000	6313	4000	3000	108	600	675
荷兰	2306	1900	600	4	10	10	463	2600	4350	258	1500	2000	49	160	160	49	600	825
比利时	685	1000	400	143	240	240	281	2300	3230	338	1400	1400	592	0	0	81	300	350
卢森堡	14	36	40	132	135	135	12	90	145	13	50	50	0	0	0	1	148	180
西班牙	4553	2800	1300	2033	2700	3150	2301	5000	8200	698	10000	13500	712	900	800	74	500	600
葡萄牙	639	180	0	719	757	1076	509	700	1150	49	980	1150	0	0	0	62	70	100

续表

国家 / 地区	火电			水电			风电			太阳能			核电			生物质发电		
	2017	2035	2050	2017	2035	2050	2017	2035	2050	2017	2035	2050	2017	2035	2050	2017	2035	2050
德国	8017	3500	2300	1062	3000	3073	5507	11700	16700	4202	11000	14000	951	0	0	725	2000	2000
奥地利	561	300	150	1412	1566	1740	273	800	1000	103	3000	4000	0	0	0	57	100	125
瑞士	0	200	100	1216	1600	1820	6	266	1006	139	2000	2000	333	0	0	25	420	500
意大利	6924	3100	1200	2663	4020	4135	978	3100	4500	1966	11700	14200	0	0	0	296	500	600
斯洛文尼亚	138	150	100	130	148	176	0	55	250	27	50	350	70	85	0	4	18	45
塞尔维亚	550	400	0	300	548	548	0	143	900	0	750	850	0	0	0	0	25	25
阿尔巴尼亚	10	120	100	184	325	365	0	10	100	0	2	75	0	0	0	0	5	20
波黑	189	60	55	210	340	340	0	225	230	0	100	380	0	0	0	0	100	100
希腊	817	420	0	340	761	836	208	1000	1600	245	1229	1700	0	0	0	6	140	150
克罗地亚	139	80	0	209	473	473	54	540	680	5	500	650	0	0	0	7	25	25
黑山	22	20	0	66	96	96	7	45	55	0	60	70	0	0	0	0	0	0
北马其顿	116	30	0	68	180	180	4	37	60	2	540	800	0	0	0	0	0	0
波兰	3058	300	300	337	668	668	565	5300	6350	29	1700	3500	0	1100	480	118	350	400
捷克	1130	200	180	226	298	305	31	400	1850	204	520	800	404	1100	800	80	85	85
斯洛伐克	192	82	0	254	254	254	0	230	880	53	530	900	194	320	160	33	100	100
匈牙利	587	50	150	6	262	262	32	50	150	9	500	600	189	500	460	31	250	250
罗马尼亚	630	120	0	638	910	1161	298	1300	3000	129	550	2000	130	340	160	12	325	325
保加利亚	504	60	0	320	650	650	70	230	1070	105	250	500	200	170	0	8	175	175
塞浦路斯	148	55	0	0	0	0	16	250	338	0	170	170	0	0	0	0	20	75
土耳其	4628	1000	800	2727	5300	7200	652	6100	10000	342	7100	12225	0	0	0	63	1150	1150
爱沙尼亚	211	40	0	1	58	100	34	400	465	1	20	50	0	0	0	9	25	25
拉脱维亚	103	108	120	157	184	184	7	600	700	0	43	50	0	0	0	14	75	75
立陶宛	56	20	0	103	105	189	52	520	650	8	50	50	0	0	0	9	75	75
俄罗斯	16280	17150	13000	4850	7453	11753	13	27002	51702	53	2006	3206	2790	2244	1844	—	1048	1848
白罗斯	978	850	800	9	20	40	1	80	120	0	201	451		0	0	—	84	134
乌克兰	3054	2834	2434	623	1005	1205	47	951	2451	74	484	3084	1384	1111	1111	—	115	195
摩尔多瓦	41	64	64	6	30	45	0	96	120	0	167	280	0	0	0	0	10	20

注　2017 年数据来自欧洲输电运营商联盟（ENTSO-E）、美国能源信息署（EIA）。

参 考 文 献

［1］ 刘振亚. 全球能源互联网. 北京：中国电力出版社，2015.

［2］ 刘振亚. 特高压交直流电网. 北京：中国电力出版社，2013.

［3］ 联合国. 变革我们的世界：2030 年可持续发展议程 . 2015.

［4］ 世界气象组织. 2018 年全球气候状况声明 . 2019.

［5］ 联合国政府间气候变化专门委员会. 全球 1.5 摄氏度温升特别报告 . 2018.

［6］ 黄平，周弘，程卫东. 欧洲发展报告（2017—2018）. 北京：社会科学文献出版社，2018.

［7］ 国网能源研究院. 世界能源清洁发展与互联互通评估报告（2017）欧洲篇. 北京：社会科学文献出版社，2018.

［8］ 丁一凡，戴冬梅. 法国发展报告（2017—2018）. 北京：社会科学文献出版社，2018.

［9］ 郑春荣. 德国发展报告（2018）. 北京：社会科学文献出版社，2018.

［10］王展鹏，徐瑞珂. 英国发展报告（2017—2018）. 北京：社会科学文献出版社，2018.

［11］孙壮志. 俄罗斯发展报告（2018）. 北京：社会科学文献出版社，2018.

［12］赵刚. 中东欧国家发展报告（2016—2017）. 北京：社会科学文献出版社，2018.

［13］周弘. 欧盟是怎样的力量：兼论欧洲一体化对世界多极化的影响. 北京：社会科学文献出版社，2008.

［14］德沃伊斯特. 欧洲一体化进程：欧盟的决策与对外关系. 门镜译. 北京：中国人民大学出版社，2007.

［15］国际能源署. 全球能源展望报告 . 2018.

［16］国际能源署. 全球能源平衡 . 2017.

［17］国际可再生能源署. 全球能源转型路线图 . 2019.

［18］国际碳行动伙伴组织. 全球碳市场进展 . 2019.

［19］国家电投中央研究院. 世界电力市场化改革二十年 . 2016.

［20］欧洲环境署. 欧洲极端气候造成的经济损失 . 2019.

［21］国际能源署. 化石燃料燃烧二氧化碳排放报告 . 2018.

［22］英国政府. 2008 年气候变化法案（2050 年目标修正案）第 2019 号令 . 2019.

［23］芬兰政府. 参与和认识芬兰 . 2019.

［24］瑞典政府办公室 . 气候政策框架 . 2018.

［25］丹麦能源、公共事业与气候部 . 能源条约 . 2018.

［26］挪威气候与环境部 . 气候变化法案 . 2017.

［27］Heat Roadmap Europe. Heating and cooling facts and figures. 2015.

［28］Hydrogen Roadmap Europe. A sustainable pathway for the European Energy Transition. 2018.

［29］IEA. Global EV Outlook. 2018.

［30］European Commission. Energy roadmap 2050. 2012.

［31］ENTSO-E. e-Highway 2050 Modular Development Plan of the Pan-Europen Transmission System 2050. 2012.

［32］National University of Ireland & Huawei Technologies. Emerging Trends in Electricity Consumption for Consumer ICT. 2013.

［33］University of Kassel. EuroWasser：Europe's hydropower potential today and in the future. 2000.

［34］World Energy Council（WEC）. World Energy Resources：2013 survey. 2013.

［35］NDV GL. The hydropower sector's contribution to a sustainable and prosperous Europe. 2015.

图书在版编目（CIP）数据

欧洲能源互联网研究与展望 / 全球能源互联网发展合作组织著 . —北京：中国电力出版社，2019.11
ISBN 978-7-5198-3191-2

Ⅰ . ①欧…　 Ⅱ . ①全…　 Ⅲ . ①互联网络－应用－能源发展－研究－欧洲　 Ⅳ . ① F450.62

中国版本图书馆 CIP 数据核字（2019）第 265383 号

审图号：GS（2019）5832 号

出版发行：	中国电力出版社
地　　址：	北京市东城区北京站西街 19 号（邮政编码 100005）
网　　址：	http://www.cepp.sgcc.com.cn
责任编辑：	胡堂亮
责任校对：	黄　蓓　郝军燕
装帧设计：	张俊霞
责任印制：	钱兴根

印　　刷：	北京盛通印刷股份有限公司
版　　次：	2019 年 11 月第一版
印　　次：	2019 年 11 月北京第一次印刷
开　　本：	880 毫米 ×1230 毫米　16 开本
印　　张：	7.5
字　　数：	163 千字
定　　价：	140.00 元